BESTACTIVITYBOOKS.COM

Copyright © 2022 LINGUAS CLASSICS

PRIMERA EDICIÓN - 2022

Ilustración Gráfica Extra: www.freepik.com
Gracias a Alekksall, Starline, Pch.vector, Rawpixel.com, Vectorpocket, Dgim-studio, Upklyak, Macrovector, Stockgiu, Pikisuperstar & Freepik.com Designers

Descubra Juegos Gratis Online

Disponibles Aquí:

BestActivityBooks.com/FREEGAMES

5 CONSEJOS PARA EMPEZAR

1) CÓMO RESOLVER LAS SOPA DE LETRAS

Los rompecabezas tienen un formato clásico:

- Las palabras se ocultan sin espacios ni guiones,...
- Orientación: Las palabras pueden escribirse hacia delante, hacia atrás, hacia arriba, hacia abajo o en diagonal (pueden estar invertidas).
- Las palabras pueden superponerse o cruzarse.

2) APRENDIZAJE ACTIVO

Junto a cada palabra hay un espacio para anotar la traducción. Para fomentar un aprendizaje activo, un **DICCIONARIO** al final de esta edición te permitirá comprobar y ampliar tus conocimientos. Busca y anota las traducciones, encuéntralas en el puzzle y añádelas a tu vocabulario!

3) MARCAR LAS PALABRAS

Puedes inventar tu propio sistema de marcado. ¿Quizás ya usas uno? También puedes, por ejemplo, marcar las palabras difíciles de encontrar con una cruz, las que te gustan con una estrella, las nuevas con un triángulo, las raras con un diamante, etc.

4) ESTRUCTURAR EL APRENDIZAJE

Esta edición ofrece un **CUADERNO DE NOTAS** muy práctico al final del libro. En vacaciones, de viaje o en casa, podrás organizar fácilmente tus nuevos conocimientos sin necesidad de un segundo cuaderno!

5) ¿HABÉIS TERMINADO TODAS LAS PARRILLAS?

En las últimas páginas de este libro, en la sección **DESAFÍO FINAL**, encontrarás un juego gratis!

¡Rápido y sencillo! Echa un vistazo a nuestra colección de libros de actividades para tu próximo momento de diversión y aprendizaje, ¡a sólo un clic de distancia!

Encuentre su próximo reto en:

BestActivityBooks.com/MiProximoLibro

En sus marcas, listos, ¡Ya!

¿Sabías que hay unas 7.000 lenguas diferentes en el mundo? Las palabras son preciosas.

Nos encantan los idiomas y hemos trabajado duro para crear libros de la más alta calidad para tí. ¿Nuestros ingredientes?

Una selección de temas adecuados para el aprendizaje, tres buenas porciones de entretenimiento, y luego añadimos una cucharada de palabras difíciles y una pizca de palabras raras. Los servimos con cariño y máxima diversión para que puedas resolver los mejores juegos de palabras y te diviertas aprendiendo!

Tu opinión es esencial. Puedes participar activamente en el éxito de este libro dejándonos un comentario. Nos encantaría saber qué es lo que más le ha gustado de esta edición.

Aquí hay un enlace rápido a tu página de pedidos:

BestBooksActivity.com/Opiniones50

Gracias por tu ayuda y diviértete!

Todo el equipo

1 - Arqueología

```
O  B  J  E  K  Q  P  Q  Z  J  G  L  C  G  A  J
X  E  K  S  Z  K  E  T  U  R  U  N  A  N  K  P
J  V  I  U  V  A  Z  U  A  O  Y  R  V  A  R  E
T  A  L  L  I  K  M  N  B  S  T  E  R  L  I  R
E  L  E  U  R  L  I  A  C  E  W  A  P  U  N  A
T  U  R  H  E  I  T  S  N  F  Q  A  H  T  A  D
H  A  R  A  T  S  B  K  R  O  X  L  U  U  W  A
A  S  G  D  S  O  T  I  Y  R  X  L  V  R  N  B
N  I  C  N  I  F  D  E  X  P  Q  S  I  B  A  A
A  T  M  A  M  D  I  K  E  T  A  H  U  I  K  N
L  I  K  M  A  W  L  G  X  Y  B  A  S  X  A  H
I  L  H  A  K  E  U  K  F  Q  B  T  K  M  P  G
S  E  Q  J  A  H  S  U  Q  K  U  A  L  C  U  E
I  N  R  S  M  W  O  Q  R  G  C  B  Y  Z  L  L
S  E  B  A  L  Z  F  A  G  I  K  M  D  I  I  C
E  P  Y  A  O  X  X  J  O  V  X  N  I  Q  D  A
```

ANALISIS	FOSIL
JAMAN DAHULU	TULANG
TAHUN	PENELITI
PERADABAN	MISTERI
KETURUNAN	OBJEK
DIKETAHUI	DILUPAKAN
TIM	PROFESOR
ZAMAN	RELIK
EVALUASI	KUIL
AHLI	MAKAM

2 - Granja #2

```
X D J L P X G J C F X G B B L I
T T V C M K U A B M O D E I L R
U S U S P N K G K U L I E N A I
P A Q C O A G U Q Y H E H A M G
M A K A N A N N Z C P Q I T A A
U L L G F Q B G O B E Y V A M S
R J V A C G V N U R E M E N A I
G A T E B Y G A V G C B N G T A
N L R G F M L D S A P H E A A L
A B A R F E E U A N F H A K N E
D L K Q P T A G S D P R O R G J
A A T P E T A N I U N Y Y L D Y
P B O V H G T X M M M L K F C E
M U R K E Z S A Y U R M A Y U R
N A R Q H K T F N X K V H F M G
J H N F M T K Q O N N C M N Z O
```

PETANI	MATANG
BINATANG	JAGUNG
JELAI	DOMBA
BEEHIVE	GEMBALA
MAKANAN	BEBEK
BUAH	PADANG RUMPUT
GUDANG	IRIGASI
ORCHARD	TRAKTOR
SUSU	GANDUM
LLAMA	SAYUR-MAYUR

3 - La Empresa

```
S O Z B A V Q Z I N O V A T I F
A U F F Y L Y T I U L X M I R D
T Z M I P E K E R J A A N N E E
I G V B B I S N I S B L E D P Y
L C O O E Q T B Y D O C R U U R
A X J L T R U I K Q L F T S T I
U G A Z Y W D S C E G I I T A S
K P R O D U K A R P M T N R S I
A I T C D A Y T Y P U A U I I K
D S W V K O H S M A Y E J Q Y O
N A S U T U P E K I T R M U S M
Y O G H N Z U V Z E O K Y X A M
Q N A N I K G N U M E K D G H N
W Z W L A N O I S E F O R P F Z
P R E S E N T A S I N C I J K M
L S W P E N D A P A T A N Y W Q
```

KUALITAS	KEMUNGKINAN
KREATIF	PRESENTASI
KEPUTUSAN	PRODUK
PEKERJAAN	PROFESIONAL
GLOBAL	KEMAJUAN
INDUSTRI	SUMBER DAYA
PENDAPATAN	REPUTASI
INOVATIF	RISIKO
INVESTASI	TREN
BISNIS	UNIT

4 - Pesca

```
J  P  R  A  I  V  R  G  K  D  B  E  R  A  T  W
Q  M  E  K  E  R  A  N  J  A  N  G  T  T  U  G
F  U  M  R  D  J  C  L  N  E  E  M  K  G  A  Q
F  I  E  K  A  P  A  N  T  A  I  U  G  A  L  Z
R  I  N  F  E  L  I  X  I  D  S  S  F  D  P  J
T  R  W  R  Q  S  A  K  A  M  I  I  V  L  W  D
P  E  R  A  H  U  A  T  K  T  R  M  B  F  I  K
R  N  F  R  J  M  P  B  A  H  I  K  A  W  A  T
A  I  R  M  N  W  V  D  A  N  P  H  J  Z  A  Q
P  U  R  E  O  T  I  C  N  R  R  D  U  A  Z  A
B  E  R  L  E  B  I  H  A  N  A  A  X  Q  G  N
I  N  S  A  N  G  V  D  X  Y  I  N  H  M  S  B
I  I  M  A  N  T  K  H  N  B  U  A  N  A  D  B
M  A  S  A  K  A  U  U  P  M  Q  P  E  A  N  C
B  D  V  Q  C  V  U  V  Q  R  E  M  S  C  V  G
S  U  N  G  A  I  Q  X  X  P  J  U  J  Q  V  H
```

AIR
SIRIP
PERAHU
INSANG
KAWAT
UMPAN
KERANJANG
MASAK
PERALATAN
BERLEBIHAN

KAIT
DANAU
RAHANG
LAUT
KESABARAN
BERAT
PANTAI
SUNGAI
MUSIM

5 - Aviones

```
N A K E T I N G G I A N O L A B
A I S K U R T S N O K Z J A T L
G B S E J A R A H A R A H M N W
N P A E T U R B U L E N S I P H
A E X L M B H M S U A S A N A E
L N L X I Q L B S F R V R V P X
A U A J T N H I D R O G E N E Y
U M W S W H G P A X G E H I N U
T P A N R B C B Y E N L S A D D
E A K H E W L E A A Z T A S A A
P N Y H J L M D Y L R E T E R R
Q G M C R C A J P M I T H D A A
T I N G G I E N L F I N R Z T D
H Q J E U J Q Q G U Y I G T A H
O O N N G N Q I S I N P V Q N V
B A H A N B A K A R T O L I P H
```

UDARA
KETINGGIAN
TINGGI
PENDARATAN
SUASANA
PETUALANGAN
LANGIT
BAHAN BAKAR
KONSTRUKSI
ARAH

DESAIN
BALON
BALING-BALING
HIDROGEN
SEJARAH
MESIN
PENUMPANG
PILOT
AWAK
TURBULENSI

6 - Tipos de Cabello

```
B  B  Q  K  E  C  D  J  O  G  F  U  K  V  U  G
E  X  O  B  G  N  I  T  I  R  E  K  E  C  C  S
R  B  Y  T  N  T  K  X  H  P  P  O  P  E  K  Z
K  X  G  W  A  W  E  T  T  E  Y  R  A  P  V  K
I  F  P  P  J  K  P  E  M  R  I  V  N  I  E  I
L  K  S  G  N  L  A  B  K  A  H  R  G  V  D  T
A  S  E  H  A  T  N  A  P  K  T  U  B  M  E  L
U  F  L  Y  P  R  G  L  Q  E  P  I  F  M  P  R
B  E  R  G  E  L  O  M  B  A  N  G  H  T  E  U
R  C  T  S  J  S  J  X  R  W  U  N  I  N  D
G  M  P  I  R  A  N  G  N  I  R  E  K  P  D  P
P  M  G  W  Q  G  X  R  N  D  Y  N  L  I  E  Y
E  U  B  A  U  B  A  I  I  K  A  L  L  S  K  R
F  V  T  A  L  E  K  O  C  B  Y  T  C  H  W  M
Y  Z  K  I  R  H  B  I  A  E  D  B  H  T  C  H
Y  L  N  V  H  M  X  K  Z  Q  D  I  S  O  R  S
```

PUTIH	BERGELOMBANG
BERKILAU	PERAK
BOTAK	KERITING
PENDEK	IKAL
TIPIS	PIRANG
ABU-ABU	SEHAT
TEBAL	KERING
PANJANG	LEMBUT
COKELAT	DIKEPANG
HITAM	KEPANG

7 - Ética

```
P X L G M W I O Z T I S T U A F
N K Y E M S I L A E R A O U L H
N K E M A N U S I A A N L M T R
I P O S X L X A A C M Y E A R O
L K S I M A B T C C K R R U K
A F L M N A K I A B E K A T I I
I X W I X P V L G F T B N A S D
T M K T Q A C A L F A P S B M I
D W E P E Q N N K H A S I A E P
M L S O Y Y U O X T O U L T O L
G N A Y A S H I S A K R H I U O
X O B X F K W S O S X Q M P F M
A M A A M A S A J R E K B A J A
O H R A J A W R I C O Z Q W T T
F H A I N T E G R I T A S N B I
J U N A R U J U J E K X L S G K
```

ALTRUISME

KEBAIKAN

KASIH SAYANG

KERJA SAMA

MARTABAT

DIPLOMATIK

FILSAFAT

KEJUJURAN

KEMANUSIAAN

INTEGRITAS

OPTIMISME

KESABARAN

RASIONALITAS

WAJAR

REALISME

HORMAT

TOLERANSI

NILAI

8 - Ciencia Ficción

```
F  P  Y  X  T  X  D  P  D  S  K  D  E  X  W  O
P  T  R  M  J  W  B  M  F  T  V  K  M  M  A  R
R  O  X  R  L  I  R  D  F  R  V  P  D  L  E  A
E  O  E  L  V  Y  H  T  E  K  S  T  R  E  M  C
N  F  B  A  R  P  Q  I  A  I  N  U  D  K  I  L
I  I  G  O  L  O  N  K  E  T  A  W  Q  W  U  E
J  P  K  D  T  E  T  G  I  S  K  A  L  A  G  F
A  A  I  P  O  T  U  O  D  I  A  E  R  E  G  A
M  O  T  A  A  I  V  K  D  R  D  Y  E  M  G  N
I  X  S  P  B  U  K  U  H  E  S  A  P  F  T
R  I  O  L  O  X  E  O  Z  T  L  B  L  M  O  A
Z  Y  A  A  N  K  M  E  H  U  A  J  I  G  Q  S
V  H  M  N  A  N  S  V  D  F  C  S  S  A  Y  T
J  Q  L  E  X  D  B  O  F  U  C  A  T  I  W  I
A  F  H  T  E  D  E  C  I  S  U  L  I  B  K  S
Y  Q  T  B  M  E  B  A  L  B  T  X  S  D  F  S
```

ATOM	IMAJINER
BIOSKOP	BUKU
JAUH	GAIB
LEDAKAN	DUNIA
EKSTREM	ORACLE
FANTASTIS	PLANET
API	REALISTIS
FUTURISTIK	ROBOT
GALAKSI	TEKNOLOGI
ILUSI	UTOPIA

9 - Granja #1

```
K  J  R  H  D  G  N  S  R  H  M  Z  A  O  S  W
A  S  W  E  M  V  T  A  Z  N  X  A  N  C  K  M
M  P  U  P  U  K  A  P  Z  T  K  A  G  A  G  P
B  S  S  M  B  E  N  I  Z  U  E  P  R  V  N  I
I  S  A  N  U  S  A  G  V  S  L  K  U  D  A  G
N  I  I  Q  F  N  H  F  G  H  E  A  Y  J  Y  E
G  T  C  H  U  N  H  T  L  P  D  J  Y  Q  A  U
P  E  R  T  A  N  I  A  N  A  A  Y  E  A  S  L
R  B  E  M  I  B  N  Z  A  G  I  H  O  O  M  H
S  K  H  I  D  G  E  X  R  A  A  Z  L  F  W  N
N  F  T  K  R  K  B  L  K  R  C  I  Y  N  O  O
A  N  J  I  N  G  L  J  U  G  S  W  R  G  A  T
O  Y  K  B  O  X  Y  I  C  X  I  A  Z  X  B  K
Q  E  F  Q  I  L  J  Z  I  D  M  W  E  N  X  O
B  G  L  H  V  B  M  I  N  N  T  L  Q  M  F  P
J  E  R  A  M  I  X  Z  G  N  A  D  I  B  I  E
```

LEBAH	KUCING
PERTANIAN	JERAMI
AIR	SAYANG
NASI	ANJING
KELEDAI	AYAM
KUDA	BENIH
KAMBING	BETIS
BIDANG	TANAH
GAGAK	SAPI
PUPUK	PAGAR

10 - Camping

```
G X O Q R L E N T E R A F L G P
R P T I P O N A K H U T A N U G
K O M P A S P T Q O R L K G N G
C G C O T Z X A G Y U T F P U N
F R J T E H J L E I B S E D N A
A U F D P J V A L Y R Z R N G G
E P Z A T Y S R C M E R P A D N
O Q I N X T D E K Q B X Z D B A
S L D A W Z J P A Y E L W T F L
G E X U R Q A H B R M R S C V A
V E R P O H O N I L A T G C W U
J D U A V W X C N Z L U W B M T
M N Y U N B I N A T A N G U B E
C M P Q R G I D P J M H P L J P
L E G M Q W G Y P W Z E O A L N
T P S T G H U A Q V K M G N G X
```

BINATANG
PETUALANGAN
POHON
HUTAN
KOMPAS
KABIN
KANO
TENDA
BERBURU
TALI

PERALATAN
API
SERANGGA
DANAU
LENTERA
BULAN
PETA
GUNUNG
ALAM
TOPI

11 - Fruta

```
T O K I R P A S C N P X F E M J
F R U E N I R A T C E N C J V J
A A R A L H I N A O R K P R P N
L S E N E A Q A A R S J U J I D
P P J G U P P N F V I R E C R H
U B X G R L L A W K K I K S T A
K E E U W A O Y R R E B X I Q U
A R E R Z P I A J U Z F M N W R
T R V D P E O P L A G G N A M I
T Y W Z I L A E W L M L N K V M
P V N W S B B P O U U B C V B U
B Y C V A M V F V N J X U T L W
D P C S N N L E M O N O L E M H
D C H P G G Y Q E M V E Q N S E
T G J K W R T X H G Y W L W M P
A Z Q O M V Q Z R C C W S T A O
```

ALPUKAT	APEL
APRIKOT	PERSIK
BERRY	MELON
CERI	JERUK
KELAPA	NECTARINE
RASPBERRY	PEPAYA
JAMBU	PIR
KIWI	NANAS
LEMON	PISANG
MANGGA	ANGGUR

12 - Geología

```
K  S  I  P  Q  Z  V  B  A  F  X  L  C  A  X  Q
R  N  W  Q  B  O  C  M  N  N  J  P  G  U  L  U
I  S  O  R  E  N  H  G  U  D  W  N  R  D  Q  O
S  J  U  L  F  A  N  C  V  N  G  Z  X  M  B  F
T  I  T  K  A  L  A  T  S  K  A  L  S  I  U  M
A  Y  L  Z  Y  U  X  I  B  B  U  A  D  E  K  G
L  G  A  S  A  M  U  M  N  B  G  R  T  N  I  E
I  E  K  A  R  A  N  G  K  A  U  E  E  R  Q  M
S  Y  L  V  A  R  H  A  U  T  S  N  U  H  X  P
O  S  C  A  V  A  A  L  A  U  S  I  D  U  N  A
F  E  Y  D  H  G  K  A  R  B  C  M  P  U  H  B
C  R  Q  S  Q  A  F  T  S  C  E  L  Z  A  V  U
Z  C  Y  N  R  N  R  S  A  N  L  N  V  K  L  M
G  U  N  U  N  G  B  E  R  A  P  I  U  I  Y  I
N  Y  J  N  A  Y  F  O  S  M  D  X  Z  A  C  X
X  T  Q  N  X  S  T  N  O  G  J  I  A  R  S  D
```

ASAM	STALAGMIT
KALSIUM	FOSIL
LAPISAN	GEYSER
GUA	LAHAR
BENUA	MINERAL
KARANG	BATU
KRISTAL	GARAM
KUARSA	GEMPA BUMI
EROSI	GUNUNG BERAPI
STALAKTIT	ZONA

13 - Álgebra

```
T C F N A A M A S R E P T K W A
B A G R A E N I L U L L P U W X
W O D O A F H I B M K Z C A I A
Q Y I T Z K J H D U R T C N Q O
P X V K H S S Y J S U S X T W J
U N I A V G M I S L H G N I Q D
M I S F T H A L A S Q V A T Z J
E A I O S A T A B R E T K A T D
Y K S V S H R K V G O X H S Q I
F J S A V A I N I I G C A E P A
C H Y P L E K O Y A W S C W L G
K K A D O A S M G Z L D E B S R
Z L C F Q N H O W O Y X M Q B A
Q P V J S P E R Z Y K C E S N M
D M W H R P H N N R B L M C O B
S O L U S I B K U R U N G N L T
```

KUANTITAS	FRAKSI
NOL	TAK TERBATAS
DIAGRAM	LINEAR
DIVISI	MATRIKS
PERSAMAAN	NOMOR
EKSPONEN	KURUNG
FAKTOR	MASALAH
SALAH	MEMECAHKAN
RUMUS	SOLUSI

14 - Plantas

```
D R D P I T V G A R O L F B D L
K E P A C Y P U G D S J K I I W
S J D U U S Q G N Y B E Z D H M
A F D A C N J L U M U T M O X I
B D O O U B A M B U E U O A T V
P U P U K N O H O P K P X V K Y
A K A R E L A M Z I C M Y B D R
K E B U N C A N F M D U V F H R
X Z U O H X M V B A R R O I U E
E D N D G I S A T E G E V N T B
S N J D R K U F H J X Y U D A U
F Z M R B O T A N I C J E N N T
K E L O P A K S I Z K G G N H D
W R Q P E W A I L Q P O S F E U
V G L B W U K D W Y M M O L X M
C K A C A N G I P X L G H G P G
```

SEMAK	DEDAUNAN
POHON	KACANG
BAMBU	IVY
BERRY	RUMPUT
HUTAN	DAUN
BOTANI	KEBUN
KAKTUS	LUMUT
PUPUK	KELOPAK
BUNGA	AKAR
FLORA	VEGETASI

15 - Suministros de Arte

```
W  M  H  Z  U  F  M  A  E  G  W  U  M  G  P  Q
T  O  H  D  U  B  E  F  M  A  A  J  I  P  E  E
A  R  E  M  A  K  K  M  J  R  E  J  N  E  N  P
N  N  H  H  Y  B  N  W  H  M  V  G  Y  A  G  K
A  B  R  B  J  S  F  S  I  U  Z  T  A  S  H  G
H  H  M  A  U  A  C  C  M  S  O  Q  K  E  A  Q
L  R  K  T  W  T  A  K  R  I  L  I  K  L  P  K
I  P  E  D  I  I  I  Y  M  S  S  H  Z  E  U  T
A  T  R  I  A  V  C  U  X  R  Q  O  W  N  S  T
T  I  T  A  K  I  S  A  N  U  M  E  J  A  W  H
G  N  A  A  Q  T  X  P  T  K  E  S  P  T  H  G
B  T  S  C  C  A  R  U  R  A  L  E  T  S  A  P
R  A  S  U  N  E  D  N  I  M  I  Q  B  L  H  P
J  N  D  H  B  R  A  Y  L  I  P  R  Z  U  X  I
A  G  W  D  I  K  N  E  M  L  O  F  J  J  R  T
P  E  N  S  I  L  X  E  L  U  X  U  C  B  W  L
```

MINYAK	KREATIVITAS
AKRILIK	IDE
CAT AIR	PENSIL
AIR	MEJA
TANAH LIAT	KERTAS
PENGHAPUS	PASTEL
EASEL	LEM
KAMERA	CAT
SIKAT	KURSI
WARNA	TINTA

16 - Negocio

```
P E R U S A H A A N K K V K T L
P E N J U A L A N T A G W A R T
Q Y D J D C Y H I O N T V R A U
Y J Q M B U K M H K T F B Y N B
P E K E R J A A N O O C N A S W
I S A T S E V N I S R K N W A F
L A R A K C I G L C F S Y A K E
B I A Y A J X R T L U U T N S M
P A B R I K Z H A K N U E A I A
K E U A N G A N A K I J A M F T
C M P M J N U H B O M D G R U A
P N R D A I Q A Z U O I Y C A U
A U V L M U M O N H N S P G A A
J A N G G A R A N G O K Z O W N
A I I D K M F T R R K O P I F G
K Z R T B X U X M O E N I D T A
```

KARIER	PAJAK
BIAYA	INVESTASI
DISKON	MATA UANG
UANG	KANTOR
EKONOMI	STAF
KARYAWAN	ANGGARAN
MAJIKAN	TOKO
PERUSAHAAN	PEKERJAAN
PABRIK	TRANSAKSI
KEUANGAN	PENJUALAN

17 - Jardín

```
S  F  X  V  T  N  Y  Q  V  B  K  Y  B  B  Y  E
V  K  V  I  A  G  N  U  B  E  A  O  P  Z  G  U
B  A  T  U  N  J  Y  U  Z  R  J  N  U  B  E  K
T  N  A  M  A  C  C  H  E  A  B  I  Z  G  I  G
V  I  N  E  H  G  U  E  G  N  A  L  E  S  C  N
P  O  H  O  N  Q  A  H  Q  D  M  O  R  A  M  A
K  P  A  G  A  R  S  R  B  A  L  P  X  R  K  B
D  O  L  J  K  G  M  E  A  E  U  M  P  E  O  A
E  T  L  L  Z  C  P  B  K  S  G  A  Z  T  O  R
G  F  D  A  V  W  B  R  D  O  I  R  W  T  J  Q
T  M  V  U  M  F  S  C  V  I  P  T  R  H  T  I
P  U  O  R  C  H  A  R  D  I  G  U  U  Q  J  Y
J  L  I  Y  S  E  M  A  K  N  I  P  D  Z  B  E
H  J  J  X  N  H  L  H  P  J  U  M  P  Q  K  Z
A  B  Q  N  R  M  V  A  T  U  H  U  K  Z  N  T
M  E  N  Y  A  P  U  G  N  B  A  R  A  B  U  N
```

SEMAK	SELANG
POHON	SEKOP
BANGKU	BERANDA
KOLAM	MENYAPU
BUNGA	BATU
GARASI	TANAH
RUMPUT	TERAS
ORCHARD	TRAMPOLIN
KEBUN	PAGAR
GULMA	VINE

18 - Países #2

```
P V T R V H W U R E L J O U S C
P X P S O T Y D X L W N W D I X
L P A E T D T H I R L A N D I A
I N D O N E S I A I R T S U A S
J J A Z Z D T C S I C N A R E P
L A G U T R O P A B R H A D N L
A I M C A S U D A N S U N C R R
L P O A N B L H P F D E S O A L
B O O K I S K E M B O V E W T F
A I O P A K A X D W G W Y M I D
N H M H R X A T Z E J E P A N G
I T P A K I S T A N N T Y I A N
A E U R U X P I R V S M Z S N E
A U S T R A L I A Z E U A U U Q
U G A N D A C X R W N C U R Y T
D F G Z A T W N Z L N K P H K O
```

ALBANIA	JEPANG
AUSTRALIA	LAOS
AUSTRIA	MEKSIKO
DENMARK	PAKISTAN
ETHIOPIA	PORTUGAL
PERANCIS	RUSIA
YUNANI	SURIAH
INDONESIA	SUDAN
IRLANDIA	UKRAINA
JAMAIKA	UGANDA

19 - Números

```
F  I  T  X  J  C  S  R  E  G  Q  Q  N  B  I  D
O  L  J  I  S  K  A  I  L  O  E  M  P  A  T  E
J  N  V  J  G  E  T  A  O  I  B  Y  C  D  K  L
E  Z  A  T  X  A  U  T  N  M  M  M  H  P  D  A
X  T  U  J  U  H  B  E  L  A  S  A  E  P  N  P
L  I  M  A  B  E  L  A  S  O  A  H  M  L  P  A
J  A  H  A  Z  W  K  P  H  U  L  U  P  E  S  N
T  I  G  A  B  E  L  A  S  D  E  J  A  D  Q  E
K  S  Q  U  V  K  W  W  O  E  B  U  T  D  U  T
L  L  G  W  O  J  E  H  E  S  M  T  B  U  G  A
D  U  A  P  U  L  U  H  N  I  A  Y  E  A  V  L
S  E  M  B  I  L  A  N  A  M  N  N  L  B  S  P
S  S  K  L  W  X  O  K  M  A  E  H  A  E  S  T
L  F  F  W  E  E  X  B  L  L  D  H  S  L  O  C
D  E  L  A  P  A  N  B  E  L  A  S  C  A  E  G
Q  T  M  G  Y  O  M  Q  D  Y  C  D  I  S  W  H
```

EMPAT BELAS	DUA
NOL	SEMBILAN
LIMA	DELAPAN
EMPAT	LIMA BELAS
DESIMAL	ENAM
DELAPAN BELAS	TUJUH
ENAM BELAS	TIGA BELAS
TUJUH BELAS	TIGA
SEPULUH	SATU
DUA BELAS	DUA PULUH

20 - Física

```
R D P G O L L U R G A F A U A B
D U B T R T O E C P T F K N Y A
Q Z M H Y A S S A M O T S I O H
T V R U T V V S T L M F E V L A
P Y W I S A T I V I T A L E R N
T S H S J M E S T N O T E R S K
G C K S I K F N Q A B Q R S J I
L U K E L O M E P U S Q A A H M
D E L E E N K U T A E I S L E I
N U K L I R B K O C F V I G G A
I M Y I P P K E C A L Q I D A B
S H Q G T N O R T K E L E C S Q
E H Z M X R N F D E Y A G A T X
M N A T A D A P E K Y J R E W M
H O H V C L Q P M E K A N I K A
W M A G N E T I S M E J B D F I
```

AKSELERASI
ATOM
KEKACAUAN
KEPADATAN
ELEKTRON
RUMUS
FREKUENSI
GAS
GRAVITASI
MAGNETISME

MASSA
MEKANIKA
MOLEKUL
MESIN
NUKLIR
PARTIKEL
BAHAN KIMIA
RELATIVITAS
UNIVERSAL

21 - Belleza

```
P E S O N A D M S P L D P Z V K
K I T E M S O K A N R A W S L E
N E W W H A Y I U S V I L A H A
P U Y S U J B A N L K M E M K N
I B U Z M C H R I Q I A N P P G
V W O R X O D O O K E T R O Y G
M F T N B B M M N N A D N A D U
I T K P Q R L A F O H L C D P N
N T N B R S I O O P R E Y N R A
Y S D F H D P H T P A S K C A N
A X D J W K S G O L V T S T H E
K O N D P J T N G A K I E A M W
C E R M I N I S E H M H I P A S
E L E G A N K G N I T N U G T L
S T Y L I S T C I D N F X P F Q
Z M O W A N G I K I T E Q M A M
```

MINYAK
AROMA
SAMPO
WARNA
KOSMETIK
KEANGGUNAN
ELEGAN
PESONA
CERMIN
STYLIST

FOTOGENIK
WANGI
RAHMAT
DANDAN
KULIT
LIPSTIK
IKAL
MASKARA
JASA
GUNTING

22 - Países #1

```
X U J J E H K D B L C Z G N S P
C V S C X L N G G C Z C R I P U
B P O L A N D I A X G H S K A Z
E B A G I G T M I I D L Q A N F
L Y N V F Z T P D E L Y J R Y T
G L I B Y A A I N H U V M A O O
I S T I E I D R I I K A X G L Y
A W N Y T G Q I B R O D A U K E
M I E A G E I T A L I A K A F L
U A G K K W I V A I P U A T I I
L W R Y S R Z J W M F S N K L U
Z V A O H O N D U R A S A F I C
G H U D K N J E R M A N D G P Q
T C W U C O L K Q P B J A Q I W
M E S I R M A L I P Q K U P N M
G V E N E Z U E L A S G Z N A T
```

JERMAN	INDIA
ARGENTINA	ITALIA
BELGIA	LIBYA
BRAZIL	MALI
KANADA	MAROKO
EKUADOR	NIKARAGUA
MESIR	NORWEGIA
SPANYOL	PANAMA
FILIPINA	POLANDIA
HONDURAS	VENEZUELA

23 - Mitología

```
G X K I K Q V Y T P W L D Y G K
C Y B M E T V W B E O W S R I E
N B H N C H R X X T P C Q W O A
B L Y Z E D J J N I R I B A L B
S M S J M G K G A R D E L G K A
Y H Z Y B C E B D A G Y E R W D
F N B U U R U T N U G N P U U I
C A G F R P Q A E A F X W S R A
B N N N U O K N G I W Q U M A N
U I A A A L T I E B H A S A K T
D K U T N A C X L O G G L K A S
A A J A Y D I L Z N H W A H S F
Y Y E U K A L I R E P Z H L A F
A E P K F S B E N C A N A U A P
I K L E W A O W P U E M L K W M
N R T K N R P E N C I P T A A N
```

POLA DASAR
KECEMBURUAN
SURGA
PERILAKU
PENCIPTAAN
KEYAKINAN
MAKHLUK
BUDAYA
BENCANA
KEKUATAN

PEJUANG
PAHLAWAN
KEABADIAN
LABIRIN
LEGENDA
RAKASA
FANA
PETIR
GUNTUR

24 - Ecología

```
N Y P J O J R P N U N J C I J A
G C D H Q W K C G U K R B D E M
D L L T C G W D U P X E S A N B
I B O I I P E R B E D A A N I T
G E A B S M I N T H S U T I S R
U R L B A G K N F A I E I O R E
N K A M T L L X U K N R N Q M L
U E M M E Y I M A L A A U C I A
N L V H G J M F L O R A M H J W
G A A W E J T M J O T Q O A L A
L N R F V I L D L L Z E K D N N
D J I F R G R H V A F A U N A Y
A U A J G K Q H W W U R S A W I
S T S F V A Q N O T A T I B A H
Y A I S U M B E R D A Y A U R E
V N K E K E R I N G A N E F O L
```

IKLIM
KOMUNITAS
PERBEDAAN
JENIS
FAUNA
FLORA
GLOBAL
HABITAT
LAUT
GUNUNG

ALAMI
ALAM
RAWA
TANAMAN
SUMBER DAYA
KEKERINGAN
BERKELANJUTAN
VARIASI
VEGETASI
RELAWAN

25 - Casa

```
T A I F M C C L P L N Y K J D R
D F U N L T S N A Y B F E E I O
V R N Y O Q I U C N U K R N N H
R U D I T R A M A K T P A D D P
P P O S E A V W O B N A N E I R
Z A T A N G M A N D I R I L N A
K D H R G A Q P S K P B S A G A
B P B A N P P E R A P I A N M X
N A E G M T O T G P S V J N Y S
S T S R U Z P E O H C I M S A Z
K A N E P E R P U S T A K A A N
S E R G M C E R M I N M O Q R S
J M B C A E N A A F I Z W T B J
X Y T U L E N K F Z O A Y T C M
M N S D N Y D T Z G S A P U N X
F V J X O Q I N N T E M N N N Q
```

KARPET
LOTENG
PERPUSTAKAAN
PERAPIAN
DAPUR
KAMAR TIDUR
MANDI
SAPU
CERMIN
GARASI

KERAN
KEBUN
LAMPU
DINDING
LANTAI
PINTU
BASEMENT
ATAP
PAGAR
JENDELA

26 - Artes Visuales

```
M F O T O P E N A V F C T Y X I
A Q P H R J A O T D P S X W W P
H I P O P W R V R O P V W D H L
A P E E T S K O M P O S I S I W
K P N X A R M M L Y U W I M F D
A A Y K I N E R I D A Z E T O K
R R A A L G N T F U H J N H R E
Y S N P H B L G K O G G T P L A
A I G U A W H A K P E N S I L M
F T G R N I L I L E A U S R U G
Y E A N A S I K U L R T P D K P
S K W M T K D P L R W A L G K E
C T W H I Q N B N W Z P M O O R
F U A R A N G P G I W Q Z I I N
L R K R E A T I V I T A S U K I
V V R N C P E R S P E K T I F S
```

TANAH LIAT	PATUNG
ARSITEKTUR	FOTO
ARTIS	PENSIL
PERNIS	MAHAKARYA
PENYANGGA	FILM
ARANG	PERSPEKTIF
LILIN	LUKISAN
KERAMIK	PENA
KOMPOSISI	POTRET
KREATIVITAS	KAPUR

27 - Salud y Bienestar #2

```
S  C  K  K  Z  D  I  K  D  V  G  C  Y  J  P  B
I  S  K  E  F  N  I  F  A  B  Z  D  Q  J  E  O
M  E  D  Z  B  K  I  G  R  E  L  A  B  P  N  J
O  H  D  L  Z  E  A  L  A  R  I  I  P  A  C  G
T  A  Y  N  R  R  R  L  H  A  R  D  E  I  E  E
A  T  J  A  A  B  M  S  O  T  I  W  N  M  R  N
N  A  D  K  M  H  T  L  I  R  K  I  Y  G  N  E
A  J  W  A  N  D  I  E  T  H  I  E  A  I  A  T
Y  I  N  M  Q  P  K  L  H  Q  A  J  K  Z  A  I
Q  P  S  U  N  N  A  K  U  C  C  N  I  I  N  K
A  A  K  S  C  W  S  O  E  M  S  X  T  G  I  A
R  O  W  F  M  R  H  C  S  U  E  H  Z  R  M  O
L  S  R  A  J  V  A  Y  Q  U  R  P  B  E  A  P
W  O  Y  N  K  U  M  M  L  X  T  W  X  N  T  H
A  Y  W  V  E  N  U  E  M  F  S  U  F  E  I  U
M  B  K  B  R  W  R  G  Q  I  D  H  B  A  V  K
```

ALERGI
ANATOMI
NAFSU MAKAN
KALORI
DIET
PENCERNAAN
ENERGI
PENYAKIT
STRES
GENETIKA

KEBERSIHAN
RUMAH SAKIT
INFEKSI
PIJAT
GIZI
BERAT
PEMULIHAN
SEHAT
DARAH
VITAMIN

28 - Adjetivos #1

```
W  M  Z  W  Z  A  K  Y  Z  R  E  A  F  S  X  A
E  B  O  R  Q  T  R  A  S  E  B  F  A  E  E  M
X  M  Q  D  L  Z  X  O  A  I  A  Y  H  M  T  B
V  A  M  B  E  Q  J  G  M  O  Y  Z  K  P  D  I
Y  K  L  O  R  R  H  Q  K  A  R  K  L  U  E  S
M  T  A  Z  A  G  N  A  R  E  T  H  U  R  R  I
Y  I  M  P  E  N  T  I  N  G  C  I  A  N  M  U
T  F  B  A  B  E  R  H  A  R  G  A  K  A  A  S
Y  L  A  L  R  E  H  N  H  M  Y  R  V  B  W  A
J  E  T  E  F  Q  K  S  H  U  G  U  L  E  A  W
E  V  V  G  I  A  Q  S  H  D  Q  J  V  R  N  P
M  E  N  A  R  I  K  U  O  A  P  U  I  A  H  X
T  M  G  H  A  I  U  I  S  T  G  J  D  T  Y  Z
K  Q  H  Q  N  U  N  R  O  I  I  H  K  D  T  D
A  J  E  K  P  L  J  E  A  E  I  S  M  M  V  J
M  U  T  L  A  K  M  S  C  Z  P  M  S  W  F  P
```

MUTLAK	PENTING
AKTIF	LUGU
AMBISIUS	MUDA
AROMATIK	LAMBAT
MENARIK	MODERN
TERANG	GELAP
BESAR	SEMPURNA
EKSOTIS	BERAT
DERMAWAN	SERIUS
JUJUR	BERHARGA

29 - Disciplinas Científicas

```
X K B I O L O G I A S L A R H Z
T M H R E B V R M R O I N M F M
S E O H K U N I E K S N A I K U
J T R U I E A S K E I G T G E X
E E A M G O M X A O O U O O K I
I G O L O R U E N L L I M L O M
K Z E X L D B X I O O S I A L U
N A I A O Z I K K G G T G R O N
P J G I R D L N A I I I O E G O
I M O N O R T S A F C K L N I L
B Y L X E W I A I M I K O I B O
O F O F T S E C M U I O E M K G
T C K Q E A S F I Y H K G H Y I
A I I F M B J M K J T J A K I O
N F S O W P F I S I O L O G I T
I Q P Z O O L O G I T O Z T O O
```

ANATOMI	LINGUISTIK
ARKEOLOGI	MEKANIKA
ASTRONOMI	METEOROLOGI
BIOLOGI	MINERALOGI
BIOKIMIA	NEUROLOGI
BOTANI	PSIKOLOGI
EKOLOGI	KIMIA
FISIOLOGI	SOSIOLOGI
GEOLOGI	TERMODINAMIKA
IMUNOLOGI	ZOOLOGI

30 - Moda

```
M Q U Y S D C R B P G C P K D S
U A Q C R U A K G N A J R E T U
T G H R B L T S P I L S A C J L
X M L A Q U E E E A O I K E M A
E S F K L R K D N K B G T N R M
M O D E R N S E G E M J I D E A
P Q K K W B T R U K O N S E N N
K O E K P F U H K I T U B R D I
C O L S P K R A U I G H B U A J
C Q H A Y A G N R N C W V N J Y
A T B Y X V K A A P E L T G R H
N A G E L E S A N S W M G A V V
G R J X N X Y S I L A M I N I M
G Q G I G B P V V A J H X O W V
I T G Z G A Q X P P N A N Q T F
H F A D F U X A O S A I Z P E F
```

TERJANGKAU   MODERN
SULAMAN   SEDERHANA
TOMBOL   ASLI
BUTIK   POLA
MAHAL   PRAKTIS
ELEGAN   PAKAIAN
RENDA   CANGGIH
GAYA   KAIN
PENGUKURAN   KECENDERUNGAN
MINIMALIS   TEKSTUR

31 - Salud y Bienestar #1

```
I  B  M  B  W  O  R  R  T  A  T  B  X  F  S  W
Q  S  P  P  E  N  G  O  B  A  T  A  N  K  B  F
O  G  N  E  O  H  Y  E  Q  H  W  U  U  L  F  S
X  B  F  K  E  L  A  P  A  R  A  N  Y  I  Y  T
I  G  A  O  Y  C  T  T  B  O  I  G  G  N  I  T
D  F  I  T  K  A  I  S  A  I  R  U  T  I  B  K
R  E  F  L  E  K  S  I  V  P  E  G  U  K  M  E
T  E  R  A  P  I  A  K  I  B  T  I  L  U  K  B
O  T  O  T  G  O  M  A  R  V  K  Y  A  Y  T  I
P  J  Y  V  E  J  R  P  U  Y  A  O  N  F  J  A
K  T  I  S  V  Q  A  E  S  B  B  I  G  N  V  S
K  U  Y  K  N  S  F  P  T  I  Y  C  B  A  A  A
X  Y  D  Q  L  I  S  A  S  K  A  L  E  R  Y  A
U  O  X  I  U  B  E  C  T  H  O  R  M  O  N  N
G  E  V  K  E  L  K  F  F  Z  Z  D  S  V  L  Q
E  X  A  T  V  G  M  A  W  M  Z  E  K  E  S  J
```

AKTIF	TULANG
TINGGI	OBAT
BAKTERI	OTOT
KLINIK	KULIT
DOKTER	SIKAP
FARMASI	REFLEKS
PATAH	RELAKSASI
KELAPARAN	TERAPI
KEBIASAAN	PENGOBATAN
HORMON	VIRUS

32 - Adjetivos #2

```
E U B X Z T S M E N A R I K J T
K V B Y W I M E G I M A L A E E
R E L L S Y J A H S T G Q A A R
J D Y O D O I W H A L E L T A K
N E V K Q O L S Z A T S A B F E
R D R A M A T I S D J Z U T B N
P D D K J B M F K R E A T I F A
K R A G V R B P R K S J I D O L
N W O I X X F I T P I R K S E D
Q V N D W N Q J A G G N A B Y B
I J G H U R H A U S V G Y J S C
G L X N A K A M I D A S I B M H
O P V X F K T A U K B A R U A J
H I N V L G N I R E K D E L N L
Z P B Y D H S F F O F E F V I R
O W E L E G A N Q C N P P O S R
```

LELAH	MENARIK
BISA DIMAKAN	ALAMI
KREATIF	BIASA
DESKRIPTIF	BARU
DRAMATIS	BANGGA
MANIS	PEDAS
ELEGAN	PRODUKTIF
TERKENAL	ASIN
SEGAR	SEHAT
KUAT	KERING

33 - Cuerpo Humano

```
Y  G  N  M  V  X  U  D  B  G  C  T  S  Y  B  G
A  N  Q  E  A  W  N  T  H  B  U  G  J  A  N  K
K  U  L  I  T  T  A  J  A  R  I  W  F  J  P  Y
M  D  C  T  U  G  A  D  R  Q  E  O  W  M  Q  Z
R  I  S  A  T  K  E  P  A  L  A  T  L  V  Z  U
J  H  K  H  U  K  I  S  D  D  W  A  L  A  N  H
C  K  C  A  L  Q  L  E  H  E  R  K  I  L  X  S
Z  B  J  J  K  U  D  A  M  I  K  J  D  B  H  E
M  M  U  L  U  T  K  N  O  P  S  O  A  B  V  A
F  I  L  U  S  A  A  O  W  K  V  C  H  X  F  K
M  Z  P  G  Z  N  R  W  O  V  Q  A  D  S  P  Z
E  S  R  G  R  Y  E  A  V  G  K  I  A  B  Z  H
T  E  L  I  N  G  A  J  B  M  K  T  L  A  L  K
G  E  V  N  B  L  S  A  G  J  H  S  I  H  Y  G
I  U  Q  Y  R  I  W  H  U  T  N  M  C  U  O  U
D  V  W  W  Q  S  B  T  A  N  G  A  N  J  M  N
```

DAGU	BIBIR
MULUT	LIDAH
KEPALA	TANGAN
WAJAH	HIDUNG
OTAK	MATA
SIKU	TELINGA
HATI	KULIT
LEHER	KAKI
JARI	LUTUT
BAHU	DARAH

34 - Calentamiento Global

```
E  K  M  B  S  E  I  L  P  L  A  F  D  F  P  E
B  Q  G  W  O  N  N  E  E  N  N  O  P  V  L  L
K  D  U  J  B  E  D  G  M  G  A  G  K  U  N  A
I  O  A  G  V  R  U  I  E  N  I  N  X  D  U  T
F  I  N  T  O  G  S  S  R  P  T  A  S  B  L  I
G  A  S  S  A  I  T  L  I  S  A  R  E  N  E  G
O  W  I  I  E  Q  R  A  N  R  H  A  K  W  S  M
N  E  S  Z  K  K  I  S  T  N  R  K  L  K  L  A
A  M  I  X  I  L  U  I  A  R  E  E  F  S  A  S
W  N  R  U  G  A  I  E  H  I  P  S  C  K  S  A
U  G  K  S  U  H  U  M  N  A  R  K  T  I  K  D
M  P  O  P  U  L  A  S  I  S  P  R  A  D  E  E
L  I  N  G  K  U  N  G  A  N  I  L  I  H  W  P
I  N  T  E  R  N  A  S  I  O  N  A  L  Q  C  A
S  F  B  H  V  B  E  E  V  U  D  R  N  H  O  N
I  J  W  P  P  E  M  B  A  N  G  U  N  A  N  Y
```

SEKARANG
LINGKUNGAN
PERHATIAN
ARKTIK
ILMUWAN
IKLIM
KONSEKUENSI
KRISIS
DATA
PEMBANGUNAN

ENERGI
MASA DEPAN
GAS
GENERASI
PEMERINTAH
INDUSTRI
INTERNASIONAL
LEGISLASI
POPULASI
SUHU

35 - Ciencia

```
X A O C H R A A L A M T B H D Y
P P B F V J L Q T G E V L E A X
X O G O R O B O L K C B V X T B
J J R S V L U P M T A V Q M A U
P S Y I S U L O V E T F K S P P
B O C L W K K B P A D V K Z G A
M E T O D E V G X I E Q C B N R
I V W Y Z L A R E N I M T D G T
T L P Q B O N A A B O C R E P I
A V M P Y M E V Y M H G U M P K
N G Q U I V O I W E N T G V Y E
A L X G W D E T T X L W F Q U L
M D R B O A I A A K I S I F Y Y
A J H M K O N S I S E T O P I H
N Q L H E M S I N A G R O S E K
C I K L I M B A H A N K I M I A
```

ATOM
ILMUWAN
IKLIM
DATA
EVOLUSI
PERCOBAAN
FISIKA
FOSIL
GRAVITASI
FAKTA

HIPOTESIS
METODE
MINERAL
MOLEKUL
ALAM
ORGANISME
PARTIKEL
TANAMAN
BAHAN KIMIA

36 - Restaurante #2

```
M  I  E  Z  L  F  C  P  H  K  G  T  H  M  R  I
H  A  U  B  P  E  N  B  N  H  R  L  I  K  E  X
C  O  K  R  M  W  Z  M  I  N  U  M  A  N  M  H
K  G  F  A  M  Z  E  A  B  N  E  H  V  G  P  Y
O  U  C  U  N  A  K  I  T  Z  R  J  F  A  A  E
D  H  R  I  A  M  S  A  L  A  D  F  W  R  H  S
N  P  U  S  X  S  A  Q  I  L  Q  M  Y  P  R  V
E  J  L  Q  I  A  Z  L  A  F  G  X  G  U  E  N
S  J  E  L  O  Y  X  T  A  O  R  H  E  B  M  M
R  O  T  K  Y  U  B  X  H  M  R  B  U  D  P  G
V  O  S  Q  L  R  N  P  E  M  B  U  K  A  A  A
Y  J  V  Y  T  A  V  S  Q  Q  W  W  V  L  H  R
K  R  F  B  L  N  Z  W  Q  E  F  O  J  Y  O  A
L  J  M  A  K  A  N  S  I  A  N  G  A  Z  V  M
P  E  L  A  Y  A  N  T  T  Y  W  G  E  G  B  Y
W  U  T  O  M  W  B  N  R  S  J  I  O  G  N  Z
```

AIR	BUAH
MAKAN SIANG	ES
PEMBUKA	TELUR
MINUMAN	KUE
PELAYAN	IKAN
MAKAN MALAM	GARAM
SENDOK	KURSI
LEZAT	SUP
SALAD	GARPU
REMPAH-REMPAH	SAYURAN

37 - Profesiones #1

```
M D O K T E R H E W A N D D A L
U D O K T E R P M N A A Q B S V
S K K D Y R A S E B A T U D T M
I R A N E P O S I N A I P P R C
S O Z R B N J W V I G B B X O H
I T P Y T Z H J R E K A C C N P
K I G O L O E G I L H A C N O Q
X D W P H M G I K K M V I A M X
W E R X S J A R N F X F L S R J
O Y K N U I F G A G N N M A S A
H U N T E R K R B F T Q U I F H
P E L A T I H O G H E C W H D X
P E R A W A T E L T A R A R J C
Y H E N Z T J O T O J F N E U S
D H M Q W O F Q Q R G Z J P M W
T U K A N G L E D E N G H T F Y
```

PENGACARA	DUTA BESAR
ASTRONOM	PERAWAT
ATLET	PELATIH
PENARI	TUKANG LEDENG
BANKIR	AHLI GEOLOGI
KARTOGRAFER	PERHIASAN
HUNTER	MUSISI
ILMUWAN	PIANIS
DOKTER	PSIKOLOG
EDITOR	DOKTER HEWAN

38 - Vehículos

```
R E T P O K I L E H R Q K H H R
V I R W R T L E T D Z L Q U J R
D S U B E A D E Q A F Y M M Q P
R K K S K W K Y T I J L B G O I
K A F I L A H I P R W Y O N A W
Y T T B J S F R T E L T T U H S
S L S A T E R E K H R J T H Q H
N E D H F P T F H Y O A Q U Y T
A Y P W R O T K A R T B H E Z P
L N J E T C P Z N R O A Y U Z O
U V G H D E H G K H M N O D J O
B A Z S Q A K A P A L S E L A M
M N E E T M O B I L O M U C D W
A C A X N R O K E T U D R I W P
D G P I V L Z M F W Z H F W P W
P M O B S R B O S U E L A W G N
```

AMBULANS	FERI
BIS	VAN
PESAWAT	HELIKOPTER
RAKIT	SHUTTLE
PERAHU	MOTOR
SEPEDA	BAN
TRUK	KAPAL SELAM
KAFILAH	TAKSI
MOBIL	TRAKTOR
ROKET	KERETA

39 - Geometría

```
S T V C K D P K E K Q M Z N I Y
X E G N M B I H G C S E L T S E
W O R R D D Q A W F T D F T A B
Q R O M O N E E M L Y I B Y L Z
K I S N E M I D A E F A V R U K
S E G I T I G A Y U T N O H K S
S C C L N A A K U M R E P O L G
J I T I N G G I T A Y V R R A Y
B S M B N A A M A S R E P I K S
X R W E L F S C M S Z P I S V F
E O H Y T P L E L A R A P O N L
W P Z L U R M I G O H R E N P O
B O R T D M I U I M C N Y T W G
N R M E U J Z G T K E J S A O I
F P Z E S M K W M K C N C L V K
V E R T I K A L M W O P C D U A
```

TINGGI	MEDIAN
SUDUT	NOMOR
KALKULASI	PARALEL
KURVA	PROPORSI
DIAMETER	SEGMEN
DIMENSI	SIMETRI
PERSAMAAN	PERMUKAAN
HORISONTAL	TEORI
LOGIKA	SEGITIGA
MASSA	VERTIKAL

40 - Vacaciones #2

```
S F Y R G U P L I S K A T Z F T
Y H I M E Y W E J T E R K Q P R
Q A U B W S O W V N R A T E P A
F H B E K R E S W B E D I L M N
U T J D E G P R V D T N H Z F S
R E S T O R A N V K A A M L C P
R E K R E A S I D A F B U P O O
O R A N G A S I N G S U N A T R
X U Y R O D E S H A J I Q N C T
F O T O K N P Q K L U E P T U A
A J K P D E V I S A Y J N A Z S
Z X K S U T D J Q L S X U I B I
M U L A D L E T O H Q S I T Y L
R A Q P O V A V C C I U D K I A
O R Q H C B H U L I B U R A N U
G P N I Q P E R J A L A N A N T
```

BANDARA	PASPOR
TENDA	PANTAI
TUJUAN	RESERVASI
ORANG ASING	RESTORAN
FOTO	TAKSI
HOTEL	TRANSPORTASI
PULAU	KERETA
PETA	LIBURAN
LAUT	PERJALANAN
REKREASI	VISA

41 - Baile

```
M D J D F K Q N W F N F C B E T
U J T A P M O L E M R J M R K R
S D J M A Z T R Y O F Q M C S A
I M E D A K A P E Y O D M T P D
K L B Q F U S I M O P S B J R I
I T Y Z H Q K Y T T G E I N E S
S A Q C E U E A W J L R C G S I
A P D O J I Q T D L R O A U I O
L A T I H A N A K A R E G F F N
K K Y V V Y E E T R E F D F I A
M I A A V A C M U U J X R I U L
I S F M D M E O B T A M H A R A
T F W A M U F S U L X K T Z I U
R O S R U L B I H U E O K U I S
A X M I A Y H K G K H S J L Z I
R V S M W M W I R G H K B C Q V
```

AKADEMI
SENI
KLASIK
KOREOGRAFI
TUBUH
BUDAYA
KULTURAL
EMOSI
LATIHAN
EKSPRESIF

RAHMAT
GERAKAN
MUSIK
SIKAP
IRAMA
MELOMPAT
MITRA
TRADISIONAL
VISUAL

42 - Matemáticas

```
T Z Q H F T V W X S W C P R E G
P E R I M E T E R I G H O A K E
Z X R T S J N O B M S X L D S O
C P T M P K K U D E M B I I P M
B E I O E Y A L U T Z Z G U O E
K R X X R B D R G R U Y O S N T
U S S R S O F Q F I D D N D E R
L E O F A L E L A R A P U Q N I
I G D Z M A D E S I M A L S L J
N I G M A R G O L E L L A R A P
G K U G A K F P D I A M E T E R
K F M D N V O L U M E Q M W P F
A M O U S U R U L K A G E T P B
R G R K B D T S E G I T I G A W
G F Z G Y X W I W C G A G Q I T
T P N B G K B I H E Q N J S M K
```

HITUNG
SUDUT
LINGKAR
PERSEGI
DESIMAL
DIAMETER
PERSAMAAN
BOLA
EKSPONEN
FRAKSI

GEOMETRI
PARALEL
PARALLELOGRAM
PERIMETER
TEGAK LURUS
POLIGON
RADIUS
SIMETRI
SEGITIGA
VOLUME

43 - Profesiones #2

```
P M I G O L O I B I L H A A T R
D I P G R Z R T N N Q P Y H U F
A B L C L O V I I S W X W L K O
Y K H O H O M L L I A H M I A T
Z Z N N T L D E T N Q J F B N O
H H A I Q O I N K Y I F H A G G
A Z W G H G Q E P U V V P H K R
D S A I W I P P W R N C Y A E A
E S T G K F R Y K V B E F S B F
B V R R O T A R T S U L I A U E
I F A E O P E L U K I S T R N R
L I W T P N V R M R D O K T E R
H L R K Q Y O D E F U P E A Y L
A S F O L R T T N E W G T A X O
F U L D R U S L E S K J E T P R
R F A A F D Q R P K H W D Y G G
```

ASTRONOT
AHLI BIOLOGI
AHLI BEDAH
DOKTER GIGI
DETEKTIF
FILSUF
FOTOGRAFER
ILUSTRATOR
INSINYUR
PENEMU

PENELITI
TUKANG KEBUN
AHLI BAHASA
DOKTER
WARTAWAN
PILOT
PELUKIS
GURU
ZOOLOGI

44 - Senderismo

```
C L S Y W J G S I R I A W S A M
C B A Y N Y G F S P K K H Q L A
P E R S I A P A N J P A L N A T
D J L A K K Q P W Z U C O I M A
P Q F Q X F G N A T A N I B M H
P A N D U A N O R Q Y U W L P A
G N I B E T A R E B W P E Y V R
L U A M P N Y A M U K B I J L I
R E N A M A T B C A M P I N G D
V V L U U F Q A T E P B S L G C
H T H A N S O T O B U T A P E S
D E K H H G A U F I U I I D J M
V L V E A R I B B D C D P E L J
S I S A T N E I R O V T G K B F
F A E A R V A U R B T K W R C Y
U R U J L S X V V M B A H G Q A
```

TEBING
AIR
BINATANG
SEPATU BOT
CAMPING
LELAH
IKLIM
PUNCAK
PANDUAN
PETA

GUNUNG
NYAMUK
ALAM
ORIENTASI
TAMAN
BERAT
BATU
PERSIAPAN
LIAR
MATAHARI

45 - Naturaleza

```
X  G  N  A  T  A  N  I  B  H  X  B  F  V  K  X
C  S  U  S  Z  K  G  H  N  K  K  R  J  J  E  C
A  O  A  R  J  Z  U  R  U  H  N  Y  L  S  C  B
D  Z  S  A  U  C  F  R  U  T  Y  S  P  Z  A  R
S  X  N  I  Z  N  N  A  N  U  A  D  E  D  N  G
H  R  R  L  V  I  T  S  H  B  K  N  R  Z  T  U
T  L  P  W  G  J  U  R  B  A  A  B  D  Y  I  N
T  R  O  P  I  S  Z  A  Q  K  U  G  Z  E  K  U
C  K  E  L  E  B  A  H  U  I  S  O  R  E  A  N
U  T  Y  S  F  P  S  L  A  T  I  V  K  G  N  G
O  B  U  Z  T  Q  G  W  J  K  M  P  Q  A  C  W
F  E  Y  Q  Y  E  F  R  S  R  A  F  P  W  Z  G
S  U  N  G  A  I  L  G  N  A  N  E  T  A  G  V
R  B  R  V  T  P  B  G  K  Y  I  X  M  N  A  D
U  A  W  E  J  X  V  D  V  M  D  W  W  U  F  Y
P  E  N  A  M  P  U  N  G  A  N  F  G  Z  S  N
```

LEBAH	GUNUNG
BINATANG	KABUT
ARKTIK	AWAN
KECANTIKAN	PENAMPUNGAN
HUTAN	SUNGAI
GURUN	LIAR
DINAMIS	SUAKA
EROSI	TENANG
DEDAUNAN	TROPIS
GLETSER	VITAL

46 - Conduciendo

```
S  K  R  G  B  A  H  A  N  B  A  K  A  R  P  R
Y  E  X  L  I  B  Q  V  H  N  U  S  Z  D  S  D
U  C  P  A  R  O  T  O  M  A  D  E  P  E  S  T
I  E  Y  V  K  J  W  A  F  G  Y  E  E  D  Q  R
Q  P  O  H  V  E  D  L  W  N  Z  A  C  P  M  A
T  A  M  J  U  F  Q  M  K  O  Q  V  H  N  U  N
V  T  G  R  P  P  K  H  E  W  I  R  M  A  L  S
H  A  R  O  V  F  E  O  P  O  L  I  S  I  B  P
L  N  A  T  R  U  K  T  W  R  G  S  J  S  W  O
L  I  B  O  M  J  D  X  A  E  S  G  A  A  E  R
A  J  S  M  V  Y  A  O  G  T  A  X  L  R  A  T
J  U  A  E  M  N  I  D  X  G  H  A  A  A  G  A
A  V  G  R  N  A  N  A  M  A  E  K  N  G  M  S
I  J  X  E  T  S  A  T  N  I  L  U  L  A  L  I
M  E  T  L  V  G  I  H  M  R  L  W  T  I  F  F
R  M  P  E  J  A  L  A  N  K  A  K  I  I  D  O
```

JALAN	MOTOR
TRUK	PEJALAN KAKI
MOBIL	BAHAYA
BAHAN BAKAR	POLISI
REM	KEAMANAN
GARASI	TRANSPORTASI
GAS	LALU LINTAS
LISENSI	TEROWONGAN
PETA	KECEPATAN
SEPEDA MOTOR	

47 - Ballet

```
O  S  J  K  S  S  I  K  A  P  N  C  C  O  P  Y
K  R  I  R  A  M  A  I  Q  N  B  N  D  U  E  H
E  E  K  R  T  F  O  T  V  A  I  A  A  V  N  Q
A  K  E  E  I  G  F  S  D  G  J  R  V  L  A  Z
H  S  T  S  S  L  I  I  S  N  N  A  E  P  R  V
L  P  K  O  N  T  O  T  O  A  B  J  J  L  I  W
I  R  A  P  E  O  R  R  C  T  J  A  G  V  A  Q
A  E  R  M  T  N  G  A  P  K  Y  L  L  K  O  B
N  S  P  O  N  K  U  F  O  U  E  E  Y  N  X
N  I  D  K  I  L  E  U  U  P  H  P  B  C  F  A
A  F  T  Y  A  Q  J  O  O  E  E  N  E  S  N  A
H  A  D  I  R  I  N  F  W  T  T  K  U  L  B  F
I  I  F  K  O  R  E  O  G  R  A  F  I  J  O  N
T  T  E  K  N  I  K  Y  X  U  Y  N  O  S  Y  K
A  T  H  Q  Q  A  L  S  A  L  A  X  E  Q  U  Z
L  J  H  F  L  J  A  W  F  X  G  W  G  P  C  M
```

TEPUK TANGAN	SIKAP
ARTISTIK	KEAHLIAN
HADIRIN	INTENSITAS
BALERINA	PELAJARAN
PENARI	OTOT
KOMPOSER	MUSIK
KOREOGRAFI	ORKESTRA
LATIHAN	PRAKTEK
GAYA	IRAMA
EKSPRESIF	TEKNIK

48 - Fuerza y Gravedad

```
W Y P N T P P M E K A N I K A Y
R R E H T U L A S R E V I N U S
T E L M Y S A Y N R A S E B T B
N O S I M A N I D Z Z D L K Q
R P U C U T E U M O N E Y G A K
K A R A J I T U T I P F C E W Q
E M J O N S U M B U V S K S P U
Y T X N P P E N E M U A N E M F
I P W A F E T E K A N A N K S Y
K Z R T I B R O O X D C F A Q M
U E K A S U T T S L X S T N G J
X I J P I P D O I S N A P S K E
G E O E K A P M A D C T D S V X
B J J C A M A G N E T I S M E W
R I K E A G K N V R E P L I E B
Z P S K L A R M J J N B E R A T
```

PUSAT	BESARNYA
PENEMUAN	MEKANIKA
DINAMIS	ORBIT
JARAK	BERAT
SUMBU	PLANET
EKSPANSI	TEKANAN
FISIKA	PROPERTI
GESEKAN	WAKTU
DAMPAK	UNIVERSAL
MAGNETISME	KECEPATAN

49 - Aventura

```
T  K  T  R  T  F  M  B  A  R  U  H  M  N  S  Y
I  E  I  E  P  E  R  J  A  L  A  N  A  N  M  B
D  A  S  P  M  B  H  R  F  J  H  J  T  J  E  Z
A  M  A  L  A  A  Y  A  H  A  B  R  E  B  J  B
K  A  G  A  A  D  N  Z  A  Z  S  T  R  S  O  P
B  N  I  W  N  A  K  T  U  J  E  G  N  E  M  E
I  A  V  D  A  T  V  T  B  V  O  N  A  S  P  S
A  N  A  A  U  Y  U  S  B  C  G  A  I  A  E  I
S  F  N  J  J  D  L  S  S  I  S  U  N  T  R  A
A  J  E  Q  U  O  K  P  I  V  O  L  A  I  S  R
U  E  B  V  T  K  T  R  Y  A  N  E  R  V  I  W
K  E  C  A  N  T  I  K  A  N  S  P  E  I  A  P
K  E  G  E  M  B  I  R  A  A  N  M  B  T  P  H
Q  R  Z  C  M  N  A  T  I  L  U  S  E  K  A  D
B  I  Y  I  S  U  D  B  L  H  J  E  K  A  N  L
D  W  Z  B  P  M  A  J  I  W  D  J  Z  W  J  C
```

AKTIVITAS	ALAM
KEGEMBIRAAN	NAVIGASI
TEMAN	BARU
KECANTIKAN	PELUANG
TUJUAN	BERBAHAYA
KESULITAN	PERSIAPAN
ANTUSIASME	KEAMANAN
PESIAR	MENGEJUTKAN
TIDAK BIASA	KEBERANIAN
JADWAL	PERJALANAN

50 - Pájaros

```
R M D N B U R U N G B E O E A N
M E R A K E L T S Q B H I L Y G
R Q M K A E Y K H G O C Y A A A
Z P R I X T B R Y E N T O N M D
F V N L D Q B E A F E Z K G T G
E V P E E X C F B A A P H N E U
C D K P B U R U N G U N T A L Y
A N G S A F K N V O E M L L U G
L F Z K R V C T B G A C N K R J
Q I N R A I N N O N I R A N E K
B U R U N G P I P I T D C N B C
A A C L F Q A U W M A B U L U U
O G O L S A D G L A P O O V O C
B N Z W O H T N J L R F T W W K
R A S W A E U E Q F E I L J Z O
R B M S Y C U P D J M T R U M O
```

BURUNG UNTA
ELANG
KENARI
BANGAU
ANGSA
CUCKOO
GAGAK
FLAMINGO
GULL
BURUNG PIPIT

TELUR
BURUNG BEO
MERPATI
BEBEK
MERAK
PELIKAN
PENGUIN
BULU
AYAM
TOUCAN

51 - Geografía

```
L  G  S  G  G  A  W  Q  T  M  L  S  B  G  X  Z
K  A  P  N  A  I  G  G  N  I  T  E  K  G  Y  S
H  R  U  A  I  Z  A  J  K  N  A  R  A  G  E  N
A  A  D  T  N  H  N  G  F  U  R  S  M  W  M  R
T  T  G  N  U  N  U  G  N  R  A  E  K  I  P  B
U  U  I  I  D  A  F  L  I  U  B  L  O  L  E  J
L  L  O  L  J  U  T  Z  G  J  S  A  T  A  T  J
I  S  N  S  G  N  C  L  S  U  C  T  A  Y  A  D
S  D  J  I  D  E  B  G  A  B  K  A  K  A  N  O
T  H  V  R  N  B  Y  X  V  S  H  N  E  H  L  M
I  H  Z  A  F  K  L  A  T  I  B  I  R  S  T  P
W  J  P  G  G  E  Q  L  B  R  P  H  T  V  W  U
A  M  E  R  I  D  I  A  N  A  I  P  E  U  J  L
A  O  X  U  W  H  T  I  E  G  V  B  P  R  W  A
D  B  J  B  E  L  A  H  A  N  B  U  M  I  L  U
A  E  B  C  Q  D  N  H  J  U  Y  Q  N  B  R  A
```

KETINGGIAN	LAUT
ATLAS	MERIDIAN
KOTA	GUNUNG
BENUA	DUNIA
KHATULISTIWA	UTARA
BELAHAN BUMI	BARAT
PULAU	NEGARA
GARIS LINTANG	SUNGAI
GARIS BUJUR	SELATAN
PETA	WILAYAH

52 - Música

```
K I N U R M I I H C X Q H Z O L
T A L A X U I U P N A M A K E R
E R A M K S X N E O D Q R I A Q
M A K A E I Z U N F A M M S E M
P U O R L K Z E Y O L D O A Z E
O S V I B A Z T A R A O N L O S
E N P R A L E A N K B P I K W K
F A U E O L P B Y I S E D Q Q G
B U I B P K B V I M W R O Y D D
L D T N U V J U W X S A L E P R
M A I S I S U M M O W R E X K N
T P S D Q I Y N A Y N E M W K F
D A P E G N W M D N O K E F B Z
Z I I W R H H H Y K I B F A Q Z
I R A M A H A R M O N I K P W P
R U J Y K E V G G I E B N Y M K
```

HARMONI	MELODI
HARMONIK	MIKROFON
ALBUM	MUSIKAL
BALADA	MUSISI
PENYANYI	OPERA
MENYANYI	PUITIS
KLASIK	IRAMA
PADUAN SUARA	BERIRAMA
REKAMAN	TEMPO
ALAT	VOKAL

53 - Enfermedad

```
K R H H X K Q D Y T I V A O L P
I E A I P A R E T U L A N G E E
T T S N D X U O O K U A P N M R
E I A E T M U D N A S L E A A U
N D T X H U L U J I F E R G H T
E E I R Z A B Z N T S R N G C R
G R N A B D T U G A Z G A N U Q
G E U A G I T A H P W I P I A N
M H M T R J J Y N O Y J A P S B
H X I N E V P N G R H R S J N M
I V X P A P V D Z U T L A C C U
X M C A J E X Z A E S E N G I O
T H A R C B Y W Z N N P J Z R P
N O B U M E N U L A R M I V B P
K V T K P E R A D A N G A N J B
M W F S I N D R O M U D U T S Z
```

PERUT   TULANG
AKUT   PERADANGAN
ALERGI   IMUNITAS
MENULAR   PINGGANG
HATI   NEUROPATI
KRONIS   PARU
TUBUH   PERNAPASAN
LEMAH   KESEHATAN
GENETIK   SINDROM
HEREDITER   TERAPI

54 - Actividades

```
Q  T  I  P  H  A  I  F  A  R  G  O  T  O  F  P
C  E  Q  K  E  K  S  Y  P  E  X  V  M  R  U  E
J  A  H  I  T  T  A  H  B  L  Z  J  P  C  Y  R
H  C  P  M  E  I  E  U  V  A  K  K  U  V  B  M
O  A  I  A  F  V  R  S  B  K  O  S  Z  E  B  A
F  B  A  R  L  I  K  C  U  S  K  N  Z  N  A  I
C  M  E  E  L  T  E  G  P  A  C  P  L  T  E  N
Z  E  D  K  A  A  R  K  N  S  N  W  E  C  M  A
U  M  D  S  R  S  T  N  A  I  L  H  A  E  K  N
Q  D  G  I  I  S  Y  S  V  N  C  G  F  G  C  Y
K  Z  O  D  G  H  D  N  I  E  T  N  Q  P  E  R
P  I  G  X  A  V  I  D  C  S  T  T  A  N  I  M
H  I  K  I  N  G  U  R  U  B  R  E  B  M  G  K
B  T  E  K  E  S  E  N  A  N  G  A  N  I  E  W
K  E  R  A  J  I  N  A  N  A  S  I  K  U  L  M
K  K  E  O  C  B  E  R  K  E  B  U  N  P  T  J
```

AKTIVITAS	PERMAINAN
SENI	MEMBACA
KERAJINAN	SIHIR
BERBURU	REKREASI
KERAMIK	MEMANCING
JAHIT	LUKISAN
FOTOGRAFI	KESENANGAN
KEAHLIAN	RELAKSASI
MINAT	PUZZLE
BERKEBUN	HIKING

55 - Verduras

```
B A Y A M B Q T A M O T U C R I
Q W Z U T R R E S A L A D D P N
M B U T Q O Z R U M A J I N Y D
U J N V V K P O S E L E D R I C
L H C E Z O A N S A U L O B A K
W Z U Z Z L G G U V V J J C P H
X A H B Z I N W H M U O U M D I
Y S T W R E K O H C I T R A B T
K K E N T A N G N K P T L A B U
H A R E M G N A W A B D N N Z P
K K C H V N S H L W K Q F E H G
H W A A H P G A V V O M W X M N
S T C J N Z A I T U N R A X W A
C H I M O G N A W A B O T P F W
M G T Q P E T E R S E L I E S A
Q T B R A E W K H P F V R I L B
```

BAWANG PUTIH   KACANG
ARTICHOKE   JAHE
SELEDRI   LOBAK
TERONG   ZAITUN
BROKOLI   KENTANG
LABU   MENTIMUN
BAWANG   PETERSELI
BAWANG MERAH   JAMUR
SALAD   TOMAT
BAYAM   WORTEL

56 - Instrumentos Musicales

```
T K V A J F A K I N O M R A H J
R R K U G G N I L U R E S Z V V
K R O N A N A O V A K G I T A R
C M N M Q I B J A M R J A D D P
R H A Q B L E A I H N I H I R W
G T I C Y O R G S P F P N Y U W
W U P M S D N O U S P P X E M W
B I O L A N Z N K S O B O R T J
G A L R V A M G R W I O C J E L
D S E T N M T Z E E Q C N V P V
G U S G B I V P P X F U G L M G
S A K S O F O N B A N J O X O K
O P H K Z V U N C F T I Q S R V
R R Y X M N A E K U I F Y C E Y
K A B M I R A M R B F G A K T Z
W H E A B A P L R A S T Y S Z G
```

HARMONIKA	OBO
HARPA	REBANA
BANJO	PERKUSI
KLARINET	PIANO
BASSOON	SAKSOFON
SERULING	DRUM
GONG	TROMBON
GITAR	TEROMPET
MANDOLIN	BIOLA
MARIMBA	SELO

57 - Formas

```
P  H  S  U  B  U  K  N  K  Z  R  V  C  R  Z  U
R  I  A  U  M  V  H  D  C  V  U  X  E  V  Y  S
I  P  E  T  D  V  Z  R  A  P  E  R  S  E  G  I
S  E  K  U  L  U  V  E  O  F  X  D  E  A  I  S
M  R  Y  U  X  B  T  U  C  U  R  E  K  R  I  E
A  B  Q  B  R  S  I  L  I  N  D  E  R  C  U  G
P  O  V  P  C  V  N  M  J  X  O  K  J  X  W  I
I  L  W  A  I  T  A  L  U  B  A  V  H  Z  H  T
I  A  M  U  S  R  Z  G  I  P  H  E  P  S  M  I
U  Y  U  C  L  N  A  R  A  K  G  N  I  L  M  G
E  L  I  P  S  O  I  M  S  F  F  S  X  Q  M  A
S  Y  X  G  R  G  I  O  I  W  R  K  U  A  S  U
W  G  G  A  R  I  S  V  H  D  I  U  V  Z  I  H
B  T  G  L  O  L  R  A  P  L  A  E  E  U  S  N
C  Y  T  O  W  O  J  L  H  K  Y  K  G  I  I  O
A  S  T  B  G  P  F  B  U  T  A  S  P  O  T  E
```

ARC	SUDUT
TEPI	HIPERBOLA
SILINDER	SISI
LINGKARAN	GARIS
KERUCUT	OVAL
PERSEGI	PIRAMIDA
KUBUS	POLIGON
KURVA	PRISMA
ELIPS	BULAT
BOLA	SEGITIGA

58 - Flores

```
L  X  I  D  W  Q  C  D  K  O  I  K  N  E  X  M
A  G  C  A  A  H  T  A  U  U  W  F  J  X  X  O
V  U  B  L  I  L  Y  F  L  F  B  R  Y  T  A  B
E  N  C  S  R  Y  A  F  R  I  I  V  I  Y  B  X
N  V  N  M  E  B  J  O  S  R  L  H  C  H  W  W
D  V  R  V  M  G  Y  D  G  A  R  D  E  N  I  A
E  J  D  S  U  C  S  I  B  I  H  A  H  W  C  S
R  D  W  Z  L  P  I  L  U  T  G  C  W  U  I  E
K  T  Z  J  P  G  A  K  I  G  Z  G  S  A  G  M
M  E  L  A  T  I  D  E  X  X  U  U  G  M  M  A
F  K  R  P  P  H  J  L  M  O  L  C  V  L  F  N
P  U  E  G  J  I  N  O  I  L  E  D  N  A  D  G
C  B  H  N  G  D  Y  P  P  O  P  F  S  O  R  G
G  A  I  L  O  N  G  A  M  T  Q  X  J  W  A  I
P  E  O  N  Y  M  A  K  Y  B  S  E  T  U  K  Y
P  A  S  S  I  O  N  F  L  O  W  E  R  K  D  V
```

POPPY	DAFFODIL
DANDELION	ANGGREK
GARDENIA	PASSIONFLOWER
HIBISCUS	PEONY
MELATI	KELOPAK
LAVENDER	PLUMERIA
LILAC	BUKET
LILY	MAWAR
MAGNOLIA	SEMANGGI
DAISY	TULIP

59 - Astronomía

```
E  G  I  M  D  L  X  W  B  Y  O  O  R  L  T  U
A  Q  V  Z  U  M  A  N  A  H  R  E  G  G  E  S
S  S  U  K  S  A  G  N  A  L  U  B  E  O  L  A
T  U  A  I  M  J  M  T  G  B  S  O  S  F  E  T
R  P  S  M  N  P  S  T  H  I  J  G  F  S  S  E
O  E  T  U  V  O  O  S  P  S  T  A  A  R  K  L
N  R  R  B  I  T  X  I  S  K  A  L  A  G  O  I
O  N  O  Q  Q  I  F  S  X  O  L  J  U  E  P  T
M  O  N  U  E  M  J  A  X  M  M  X  M  Q  F  E
X  V  O  O  A  N  A  L  D  L  C  S  G  K  R  N
J  A  T  E  K  O  R  E  M  E  T  E  O  R  A  A
O  B  S  E  R  V  A  T  O  R  I  U  M  K  D  L
C  A  T  S  E  M  E  S  M  A  L  A  H  G  I  P
I  Y  M  U  U  C  G  N  T  Q  Q  T  O  W  A  S
C  K  C  O  T  D  I  O  R  E  T  S  A  O  S  V
N  W  B  T  D  M  E  K  T  J  W  N  Y  D  I  G
```

ASTEROID	BULAN
ASTRONOT	METEOR
ASTRONOM	OBSERVATORIUM
LANGIT	PLANET
ROKET	RADIASI
KONSTELASI	SATELIT
KOSMOS	SUPERNOVA
GERHANA	TELESKOP
EQUINOX	BUMI
GALAKSI	ALAM SEMESTA

60 - Tiempo

```
S H D G U M F P D T I N E M S Q
Q A M O Z A E F L A R D S A E S
W O A I C S E D I H A U Y L B X
W A O T N A U Y P U H N P A E A
Y O D V T D U G G N I M A M L X
C W Z L K E S E K A R A N G U K
K H W O N P G B R I R W K Q M J
T N V K U A N M B V G I W X V E
B A W D E N L A P Y X F A B A D
U S H F F M T X X O B F C X T V
L I J U U A A K P E N R W L R A
A A Z S N J X R L U E R B S X Y
N N L R J A G P I N I I R A H Z
U G F W W D N X W N G N P Z P U
K A L E N D E R Q P A I K A S F
D A S A W A R S A M P D O A T Q
```

SEKARANG
SEBELUM
TAHUNAN
TAHUN
KEMARIN
KALENDER
DASAWARSA
HARI
MASA DEPAN
JAM

HARI INI
PAGI
SIANG
BULAN
MENIT
SAAT
MALAM
MINGGU
ABAD
DINI

61 - Paisajes

```
E D E O H Z M G C K A R T S K P
K L U F E U J I H R W V S E Y J
G N U N U G M A J X A T G H N A
X L B P D E O N N S Q M E B G W
D S E G N U N U G U Y J Y D N M
P H T T V W I G V N Y C S R S U
S A K S S I S A O G U G E G P U
F B N D M E H L F A W R R U P L
T M X T W L R K Q I L R U A U A
A E I H A R D N U T Y J V G L U
I L Y N W I R U Q J Z O C N A T
X B M T A R A U M H U F U S U T
W C J Z R S E M E N A N J U N G
A I R T E R J U N P Y O B K G G
D V E D R D A N A U Z K O N M C
G U N U N G B E R A P I L M K N
```

AIR TERJUN
GUA
GURUN
MUARA
GEYSER
GLETSER
GUNUNG ES
PULAU
DANAU
LAGUNA

LAUT
GUNUNG
OASIS
RAWA
SEMENANJUNG
PANTAI
SUNGAI
TUNDRA
LEMBAH
GUNUNG BERAPI

62 - Días y Meses

```
S E L A S A O A D S A K I K I A
C U I L U J D W R X L A F D Z X
B N R Y O V T A H U N W G J L O
E C P N A J V C C B T A M U J W
C W A T Z L N J K A T B Z N Q F
J D C O R J G C D R S L A I E M
A G U S T U S Y P J W X Z S G Z
M Z H N D W O L S E N I N E C I
I Y H O O A W G T I R A U N A J
N C A L O V D R E B M E T P E S
G X A A K R E D N E L A K C L J
G D A X T V T M X J Q F K S N D
U F Y Q O A O N B B U L A N A L
C W Q E B H Q I R E B M E S E D
B Z Z U E H C C Y E R M Q O H C
T V S I R A U R B E F F G M Y W
```

APRIL	JUNI
AGUSTUS	SENIN
TAHUN	SELASA
KALENDER	BULAN
DESEMBER	RABU
MINGGU	NOVEMBER
JANUARI	OKTOBER
FEBRUARI	SABTU
KAMIS	SEPTEMBER
JULI	JUMAT

63 - Biología

```
O W M M D R S I N A P S E M A V
X U A A I A S A X X U M V U B Z
F N O T I O E P B S A W O T R Y
A O M O S O M O R K S J L A N L
R M T Q C S B X T O C I U S U M
A R D O B B R D M N T R S I N Q
S O Y Z S X I X M V V E I I T Q
Y H I T T I O S Y A H T I H B T
R E P T I L N O O U M K V N M V
E C U S L I W T N E G A L O K L
J B A G B M N J E O I B L E S E
S I M B I O S I S S T K M I T N
R V L F Q T S O C H I V S U A Z
L Z F Q J A W C W R U S B S G I
A L A M I N O S M O S I S K M M
K P H H B A D V F M N E U R O N
```

ANATOMI
BAKTERI
SEL
KOLAGEN
KROMOSOM
EMBRIO
ENZIM
EVOLUSI
FOTOSINTESIS
HORMON

MAMALIA
MUTASI
ALAMI
SARAF
NEURON
OSMOSIS
PROTEIN
REPTIL
SIMBIOSIS
SINAPS

64 - Chocolate

```
R Q Y A D B I C B X M C P V K A
R P K H T N G U L A D J U X I Y
G A S T E G Z M Y T Q N O G V H
D I F A V O R I T D R L Z O N L
L G T K M G D G M D J R E S E P
A E K S O T I S K U A L I T A S
N L O V Z W N O S G A G F D F I
T E A R T I S A N A L R V C H N
I Z R T L R K A C A N G O I H A
O A M D E O Z X L L S J L M K M
K T X E R L J K E L A P A L A W
S F P Q T A W B M N Q X Z F W Y
I L Q Z O K S P A H I T I C C W
D F B U B U K A R A W L J F F N
A F G V J P Q I A I B C K W W R
N A H A B X M Z K N D K A K A O
```

PAHIT
ANTIOKSIDAN
AROMA
ARTISANAL
GULA
KACANG
KAKAO
KUALITAS
KALORI
KARAMEL

KELAPA
LEZAT
MANIS
EKSOTIS
FAVORIT
RASA
BAHAN
BUBUK
RESEP

65 - Barbacoas

```
K S D G V P Z Y Q W N B G N M M
D T V A G R A U L E K A N A U A
E K B R L S J G H S V W A R S K
A C U A T A M O T Q C A I U I A
H Y B M W U S L A D A N S Y K N
R C A U S S M S F L N G N A A M
M V L M A M U A S I P S A S T A
Q J V X G H S P Y I V V K K F L
Z P S R L L I R G C Q L A W P A
L L V V G Y M E O N D I M E T M
C F E Q D M P P E R M A I N A N
T N T K I A A P A N A S D A Y Z
W F U P Z M N A R A P A L E K Y
A Y X J N N A Y M Q C L T R K P
K G Y X U H S A V J Z U Q E I J
T P Q D G T D Z F X M O S O V Q
```

MAKAN SIANG   MUSIK
PANAS   ANAK
BAWANG   GRILL
MAKAN MALAM   LADA
PISAU   AYAM
SALAD   GARAM
KELUARGA   SAUS
BUAH   TOMAT
KELAPARAN   MUSIM PANAS
PERMAINAN   SAYURAN

66 - Ropa

```
K A L U N G F H O L L C U U S
I K A T P I N G G A N G E L G E
M O D E O R U C R R J L V M P
P I Y A M A A N E S U A E K Q A
X B G P R B G A T L J S M T W T
A L L E T Z A G E E A K E Z M U
Y K N U L L I N W T B N K F V A
S Y A L S A Q A S N W A A L P T
C J N A K K N T W A A S W Q C K
H Z L D X R Z G L M N A Q S L G
Z U K N N O Q N G B W I O Y Z I
R O K A O O Q U V Z N H D Y M A
N K V S B V S R M G W R B T B E
X J C X B L I A W Q D E D O A O
V I Y Y U J U S L P U P G C P H
N W S K V P X H B G T O P I M I
```

MANTEL	PERHIASAN
BLUS	MODE
SYAL	CELANA
BAJU	PIYAMA
JAS	GELANG
IKAT PINGGANG	SANDAL
KALUNG	TOPI
CELEMEK	SWETER
ROK	GAUN
SARUNG TANGAN	SEPATU

67 - Meditación

```
F P N U G N A B S S Q F S K K K
R Q A D E A K C D Y D H Y W W A
U M I S O M E E E V U E J T D S
I L A T N E M T J U L K Q M Q I
K V M A L A G E S E D P U D K H
G N A L V Q X N G F L N T R U S
B E D R X U P A K I S A A G D A
M K R N R S I N V T K A S W W Y
U C E A Q I T G V K E M L A E A
S E P R K Q U A J E S I Q Z N N
I N A I T A H R E P U R X J J G
K L O K B A N V Q S N E F W H M
N F L I S F I E G R Y N C Z D C
E I I P B G U J R E I E K K Q L
O B S E R V A S I P A P E G N D
K E B A I K A N K X N E S B N T
```

PENERIMAAN   PIKIRAN
PERHATIAN   GERAKAN
KEBAIKAN   MUSIK
TENANG   ALAM
KEJELASAN   OBSERVASI
KASIH SAYANG   PERDAMAIAN
BANGUN   PERSPEKTIF
EMOSI   SIKAP
SYUKUR   KESUNYIAN
MENTAL

68 - Café

```
H E R B Z D H G W K D P T V C V
W R K Z I J A I I J F A L U G A
P M M C S U S U T B U H F F X R
A W R K P A A L P A Q I L K E I
U C Q R A G R A H S M T M K C A
X A Q U G N A G G N A P M Q I S
N V C B I N P Z V P S D K M O I
A Y E G E I I V Y K A T I K N Y
M I R K A E C R B E O Q K P S I
U W R R T F R I A C A N G K I R
N G N A C A C C N S D S R E U D
I J Y R I K M E N G G I L I N G
M J S O Y K Y E J K C O U Q A X
B F B M W N Z E Z D D L R U B Y
Q U S A I Q Y X P A S A L D L H
D M A R L E D C W F K Q I A L F
```

AIR	SUSU
PAHIT	CAIR
AROMA	PAGI
PANGGANG	MENGGILING
GULA	HITAM
ASAM	ASAL
MINUMAN	HARGA
KAFEIN	RASA
KRIM	CANGKIR
SARING	VARIASI

69 - Libros

```
D  H  H  N  A  R  A  T  O  R  B  N  E  U  W  F
U  I  C  A  I  N  V  E  N  T  I  F  O  D  N  X
A  S  E  R  L  P  A  A  G  Z  B  S  C  V  X  P
L  T  R  T  L  A  E  J  D  S  E  R  I  F  E  C
I  O  I  S  M  C  M  N  K  A  N  K  L  H  R  L
T  R  T  A  A  F  E  A  C  D  P  M  W  H  X  V
A  I  A  S  G  G  K  O  N  E  O  Y  E  T  J  K
S  S  P  E  M  B  A  C  A  T  L  X  Y  B  H  O
M  I  P  E  N  U  L  I  S  V  N  U  Y  L  R  L
M  L  P  G  J  P  L  U  C  U  G  K  P  I  P  E
Q  U  F  G  A  U  T  R  A  G  I  S  B  A  F  K
P  T  D  S  R  I  K  O  N  T  E  K  S  P  N  S
S  I  W  X  I  S  R  E  L  E  V  A  N  J  J  I
V  D  I  Y  U  I  V  Q  T  X  R  D  T  A  J  N
L  F  P  E  T  U  A  L  A  N  G  A  N  T  I  Y
F  Q  M  Y  P  G  Q  D  J  E  B  P  V  D  A  S
```

PENULIS	INVENTIF
PETUALANGAN	PEMBACA
KOLEKSI	SASTRA
KONTEKS	NARATOR
DUALITAS	NOVEL
DITULIS	HALAMAN
CERITA	RELEVAN
HISTORIS	PUISI
LUCU	SERI
PENCELUPAN	TRAGIS

70 - Los Medios de Comunicación

```
J A O P U U R E M W Q K Z K D K
P A F B E D I G I T A L A K O L
P L R U T N A K I D I D N E P N
S E C I P O D Z W W S F C T R T
I X N G N I R A D G I A Q M G S
G R G D L G H P N L D K W C G V
K A R O A V A Z I A E T Z A V Y
O D R M I P L N Y F A A B G H D
M I B F S W A W H G E N V R S F
U O K J R P J T I N D U S T R I
N T K P E L A U T K E L E T N I
I O U G M U M U T E L E V I S I
K F I T O M N P I Z U E A B R Y
A X F Y K P B R M D N O H H B M
S I P I S J I I M B B S I K A P
I S G O K O R A N T K Q E U X N
```

SIKAP

KOMERSIAL

KOMUNIKASI

DIGITAL

EDISI

PENDIDIKAN

DARING

PENDANAAN

FOTO

FAKTA

INDUSTRI

INTELEKTUAL

LOKAL

PENDAPAT

KORAN

UMUM

RADIO

JARINGAN

MAJALAH

TELEVISI

71 - Nutrición

```
X  A  R  O  E  K  W  P  L  S  Z  D  O  Y  J  O
T  A  A  P  M  U  Y  E  I  F  E  X  E  P  F  X
M  O  S  W  G  A  G  N  A  B  M  I  E  S  Z  E
C  X  A  Q  L  L  I  C  U  P  R  O  T  E  I  N
G  I  E  F  G  I  A  E  B  C  P  Q  A  B  Z  Q
O  I  Q  K  N  T  A  R  E  B  A  E  H  Q  J  A
U  E  Z  F  W  A  N  N  R  D  R  R  E  Q  N  C
Z  I  P  I  S  S  V  A  G  S  E  M  S  G  G  T
N  V  S  N  X  X  P  A  E  X  A  P  E  Q  T  S
F  G  J  P  Q  V  T  N  N  B  M  U  X  Y  G  E
F  E  R  M  E  N  T  A  S  I  F  W  S  Q  A  R
L  T  U  J  K  B  I  F  A  K  A  L  O  R  I  E
J  W  N  A  T  A  H  E  S  E  K  I  J  G  Q  A
P  S  C  J  Z  N  A  K  A  M  U  S  F  A  N  L
D  T  N  C  P  F  P  Z  D  S  J  B  C  E  R  Q
K  A  R  B  O  H  I  D  R  A  T  E  I  D  L  P
```

PAHIT   FERMENTASI
NAFSU MAKAN   GIZI
KUALITAS   BERAT
KALORI   PROTEIN
KARBOHIDRAT   RASA
SEREAL   SAUS
DIET   KESEHATAN
PENCERNAAN   SEHAT
SEIMBANG   RACUN

72 - Edificios

```
K A S T I L X T I U G P U S S J
M U S E U M Y E L R A A W I E K
V M K P T Z A B T O R B P X B T
D Q U R E T A E T M A R G V J C
X H O I K X R V V T S I C I H G
Y A P A R T E M E N I K F U I L
P L Q K A O R U M A H S A K I T
P O H E M J T M E N A R A G X G
E K C D R G N A D U G U L I L W
R E I U E M P N R B I O S K O P
T S D T P E P V U O H O S T E L
A I H A U U W P X T B Q V D R F
N C O A S X E B A Y A A P O W J
I K T N O I D A T S E P L X N T
A E E O B S E R V A T O R I U M
N Y L V U N I V E R S I T A S Y
```

HOSTEL

APARTEMEN

KASTIL

BIOSKOP

KEDUTAAN

SEKOLAH

STADION

PABRIK

GARASI

GUDANG

PERTANIAN

RUMAH SAKIT

HOTEL

LABORATORIUM

MUSEUM

OBSERVATORIUM

SUPERMARKET

TEATER

MENARA

UNIVERSITAS

73 - Océano

```
N N R F T L S F G O U F D K J K
X K N Q D U I H N A F L P E E A
N O Q R J H N E A G R L D P U R
U E I A D A B A D L R A I I T A
I R U B U R U B U A K M M T T N
P A U S X E T E R U M B U I I G
R Z S N O P S Y I Y K Y C N R L
I U C V I D O M V N I P X G A U
U J M S V Z A D X E I E K Y M M
X C D P U F D I B P R M M Q L B
P C C B U X Y K E M C N Z T J A
J K Z A Y T C A L T L Y T G S L
W A V U P H L N U A F L Y D Q U
B E D V D V F A T I R U G K D M
F P J Q D L K S U C Y C Y A L B
X L F Q F Z G D L T V D E G N A
```

ALGA	LUMBA-LUMBA
RUMPUT LAUT	SPONS
BELUT	UBUR-UBUR
TERUMBU	TIRAM
TUNA	IKAN
PAUS	GURITA
PERAHU	GARAM
UDANG	HIU
KEPITING	BADAI
KARANG	PENYU

74 - Ciudad

```
C A T B I D W G B S L R Q D T G
W B Y O A V T J I M E O M H S A
J Y P X K N I T O R O K O T H L
P A S A R O K F S E Q P O D F E
R N X M A I B A K T L K C L A R
A K E T M D A R O A B X O E A I
Z C A O Z A N M P E L D K T R H
M J W O O T D A I T K I H O B U
B I G E K S A S F M B Z G H B Z
A D I T D X R I K F L I C B G B
P C M W G Q A L L A G S L Y B L
K G M C K O O W I D U K V V Q D
T O K O B U K U N F L O R I S T
R P U A W O E A I M U S E U M L
R E S T O R A N K G R W O H L E
S U P E R M A R K E T M P M H M
```

BANDARA	HOTEL
BANK	TOKO BUKU
BIOSKOP	PASAR
KLINIK	MUSEUM
SEKOLAH	TOKO ROTI
STADION	RESTORAN
FARMASI	SUPERMARKET
FLORIST	TEATER
GALERI	TOKO

75 - Conservación

```
P F M E T S I S O K E K N A X C
E D S E K Q N R S H M E V I G O
S J O Q N T A W C L D S O R Z T
T Y M C A G T J Q V P E R A Y D
I F H P G S U L K I S H G C O B
S P A E N T J R N N J A A K T R
I E B R U J N I A V F T N G Q H
D R I H K O A U K N E A I C A G
A U T A G J L S I L G N K V K N
W B A T N Z E E D J I I M A L A
K A T I I P K C I P B M K M X L
G H X A L J R F D P O L U S I U
U A O N M U E H N U H I J A U R
D N B P G O B U E U Y S A U R U
S U T B K V C D P V P H H P H A
S U K A R E L A W A N W B E O D
```

AIR
LINGKUNGAN
PERUBAHAN
SIKLUS
IKLIM
POLUSI
EKOSISTEM
PENDIDIKAN
HABITAT
ALAMI

ORGANIK
PESTISIDA
PERHATIAN
DAUR ULANG
MENGURANGI
KESEHATAN
BERKELANJUTAN
HIJAU
SUKARELAWAN

76 - Agronomía

```
O F O Q L P E R T A N I A N B L
M R I L T U N E I S H S T T E A
M S G A H B F N K A P A A P R H
V R O A I W H E A Y A K N E K C
A P L L N R A R Y U J I A D E P
I S O R E I Z G N R A F M E L E
O E K T B H K I E A O I A S A R
D M E T S I S K P N H T N A N T
A K G F S S F K K V I N P A J U
F L Z K Y T Q E L X X E K N U M
T B U U P B S B Y I Y D C A T B
V G R P R O D U K S I I W Y A U
A M C U H D N R M U P K H M N H
J Y E P G R A J A L E B H A A A
P I U D I Y J N M O I K L J G N
P S I E N F N S F P T M C W Q A
```

PERTANIAN
AIR
ILMU
POLUSI
PERTUMBUHAN
EKOLOGI
ENERGI
PENYAKIT
EROSI
BELAJAR

PUPUK
IDENTIFIKASI
ORGANIK
TANAMAN
PRODUKSI
PEDESAAN
BENIH
SISTEM
BERKELANJUTAN
SAYURAN

77 - Actividades y Ocio

```
T V V W F D T F I W B C B H T U
N I G N A N E R S K I I E I D F
E G N W O B K A B L S T R K L D
T W I J M A S R M D B E S I U F
X V P F U L A E F Z O B E N K O
S Z M D J A B I N S L A L G I Z
V G A S M P P U M I T L A Y S V
H N C M U A U B N S O N H A Z
Z I F Q A R T Q I E F B C X N H
Y C I J L S F I X T L K A T Q S
F N U B E K R E B A O A R I F A
U A P D Y Y B R I Z G P N Q J N
U M A T N A I G R E P E B J Y T
V E M T E M I N Q R Q S M Q A A
W M T H M W L J H H K I U H C I
B O L A V O L I G H D D D H Q S
```

SENI
BASKET
BISBOL
TINJU
MENYELAM
CAMPING
BALAP
BELANJA
SEPAK BOLA
GOLF

BERKEBUN
RENANG
MEMANCING
LUKISAN
SANTAI
HIKING
BERSELANCAR
TENIS
BEPERGIAN
BOLA VOLI

78 - Ingeniería

```
G O J W A C M F C S F F S A U T
S P H C R E T E M A I D T Q B K
I Y O Z I N P R S C I Z A V A A
K E D A L A M A N I Q R B E M L
D F W J S K A Y A S N P I N O K
X I Q H E E R X T L F E L E T U
G Z E T G S G M A U F N I R O L
Y E Y S P E A O U P W G T G R A
E B M P E G I T K O C U A I C S
S U M B U L D I E R D K S S Z I
J Y S X R H P M K P T U D U S I
D I S T R I B U S I I R T P A A
W V J Q F S U X X K H A B H D G
V Y D V I S K U R T S N O K X U
U T F S T R U K T U R P Y R K U
O P S M M V T F V I A V J D I N
```

SUDUT

KALKULASI

KONSTRUKSI

DIAGRAM

DIAMETER

DIESEL

DISTRIBUSI

SUMBU

ENERGI

STABILITAS

STRUKTUR

GESEKAN

KEKUATAN

CAIR

MESIN

PENGUKURAN

MOTOR

TUAS

KEDALAMAN

PROPULSI

79 - Comida #1

```
P  I  T  D  J  T  Y  A  I  E  X  O  P  Q  A  F
B  M  A  Y  A  B  U  E  N  D  F  L  O  B  A  K
V  A  P  M  H  Q  E  B  P  S  A  G  T  B  H  W
S  R  W  L  V  S  U  Q  J  T  K  G  L  P  C  O
Q  A  S  A  E  R  R  N  K  R  J  N  I  A  R  A
X  G  I  Z  N  M  A  X  Y  O  E  A  E  N  Q  T
T  U  N  A  B  G  O  R  U  B  L  W  K  W  G  P
N  S  A  D  T  O  P  N  Y  E  A  A  S  U  P  I
I  U  M  H  Q  P  S  U  J  R  I  B  A  Y  K  B
M  S  U  S  A  L  A  D  T  I  G  U  L  A  F  E
Q  V  Y  M  G  W  U  B  L  I  G  N  A  M  E  K
I  P  A  V  V  O  N  I  A  E  H  J  S  O  S  D
U  I  K  H  N  R  U  C  W  D  T  L  O  V  Q  C
O  R  R  I  N  T  S  S  E  N  L  F  W  U  E  X
H  R  Z  Y  T  E  D  F  T  Y  B  U  A  J  O  E
X  N  X  C  I  L  N  J  P  V  X  J  O  R  W  W
```

BAWANG PUTIH	STROBERI
KEMANGI	JUS
TUNA	SUSU
GULA	LEMON
KAYU MANIS	MINT
DAGING	LOBAK
JELAI	PIR
BAWANG	GARAM
SALAD	SUP
BAYAM	WORTEL

80 - Antigüedades

```
R E S T O R A S I H H S Y U N Q
O G F I O M T D O G N A L E L K
Y Y Q I R E L A G Y I M R P K E
K K B S N M E B E L L N P G Z A
D O K P D V K A N E A Y E L A N
P Y I B L L E Q X Y I S V C D Z
L B O N T Z D S A V U G U L D M
F Q C F I F A U T G A J I Q E P
A C W G D D K C N A S E N I K A
J U Y U A S E B S R S H H Z O T
M T Q F K I D M Q O F I C T R U
Z V A F B E L E G A N F Y H A N
P G S Y I N I W S D A Y L J T G
G A L A A P E R H I A S A N I C
T Y I O S A T I L A U K S C F K
X A M T A U E I J I G Z L W R F
```

SENI
ASLI
KUALITAS
DEKORATIF
DEKADE
ELEGAN
PATUNG
GAYA
GALERI
TIDAK BIASA

INVESTASI
PERHIASAN
KOIN
MEBEL
HARGA
RESTORASI
ABAD
LELANG
NILAI
TUA

81 - Literatura

```
Q Z P G L Y R C K A P A T U A X
S Q D A J S W C E L E V O N N V
J A M W K W Y M S J R T O H E W
A R O F A T E M I D B M U P K M
N P E N U L I S M M A F V V D L
A C C F K M F I P R N J V H O F
L F I R A M A T U G D O C M T I
O Z I Z J B R I L E I T E M A F
G J A K A Y G U A N N P U I S I
I G M T S U O P N E G S Q U B A
N P A K H I I R O T A R A N P H
P Z P Y R K B C I H N X R B R F
M E L L A A N A L I S I S G W G
V D T Q L T D E S K R I P S I D
T R A G E D I O W X K I E W T Q
D I A L O G V J Z T V R H Q L R
```

ANALOGI	FIKSI
ANALISIS	METAFORA
ANEKDOT	NARATOR
PENULIS	NOVEL
BIOGRAFI	PUISI
PERBANDINGAN	PUITIS
KESIMPULAN	SAJAK
DESKRIPSI	IRAMA
DIALOG	TEMA
GAYA	TRAGEDI

82 - Química

```
I A Q K Q G A R A M H M X U P O
O G S A N A P W I A I S K A E R
N O Y A V H R R I G D L P Y G I
S U H U M B M Y Z O R B Y K G L
R R R D C U D Q C L O M E T A K
E M E L E K T R O N G P K R S U
O K S I G E N H G O E V J K A N
S G V L I W I O B B N R L R V T
O C C W G M R R C R M L C V A C
K J P Q D L O M M A O Y T M Y O
N D P R U Z L Q O K L A K I S T
L E C C O B K V X L H W D S S B
Z N Z A D A G V H U E B I N X S
L Z N I T B A E V F Z K A A X M
W I M R A L K A L I N E U V Y R
H M K A T A L I S T W Z A L K L
```

ALKALINE
ASAM
PANAS
KARBON
KATALIS
KLORIN
ELEKTRON
ENZIM
GAS
HIDROGEN

ION
CAIR
LOGAM
MOLEKUL
NUKLIR
OKSIGEN
BERAT
REAKSI
GARAM
SUHU

83 - Gobierno

```
M  J  R  A  S  G  N  A  B  X  W  R  L  P  Y  M
H  O  N  A  A  K  E  D  R  E  M  E  K  E  T  T
T  U  N  A  D  F  G  F  N  N  Z  M  M  R  R  T
E  A  K  U  J  M  A  E  N  A  L  I  D  A  E  K
O  J  Z  U  M  Y  R  D  V  A  A  S  K  D  B  A
B  W  M  I  M  E  A  H  N  R  N  A  F  I  I  H
A  O  C  I  J  U  N  Y  A  A  O  R  V  L  L  H
I  K  L  D  D  P  B  H  Z  T  I  K  K  A  O  S
O  A  I  C  G  L  D  G  Q  E  S  O  K  N  B  E
T  Q  P  R  E  B  O  G  B  S  A  M  C  I  M  N
A  S  I  W  T  X  F  H  F  E  N  E  N  P  I  I
D  I  S  K  U  S  I  L  A  K  P  D  O  M  S  A
I  K  O  N  S  T  I  T  U  S  I  C  R  I  T  G
P  O  L  I  T  I  K  D  N  R  H  K  G  M  F  U
J  N  T  O  T  G  E  M  K  S  E  W  T  E  J  N
B  K  B  V  G  U  P  G  L  Q  R  P  A  P  T  H
```

SIPIL	PERADILAN
KONSTITUSI	KEADILAN
DEMOKRASI	HUKUM
HAK	LIBERTY
PIDATO	PEMIMPIN
DISKUSI	MONUMEN
DISTRIK	NASIONAL
NEGARA	BANGSA
KESETARAAN	POLITIK
KEMERDEKAAN	SIMBOL

84 - Creatividad

```
Q  D  H  P  Q  K  T  U  K  S  I  F  D  F  K  F
G  A  M  B  A  R  G  Q  E  P  M  M  A  I  Z  P
E  K  S  P  R  E  S  I  S  O  A  E  Y  J  B  Q
D  I  I  I  N  S  V  I  A  N  J  P  A  T  K  T
I  T  T  S  N  A  S  U  N  T  I  C  H  F  D  T
L  S  A  A  T  T  B  C  X  A  N  Y  I  D  V  B
J  I  M  R  H  I  U  Q  H  N  A  N  D  S  Q  W
E  T  A  I  B  S  W  I  A  X  S  A  U  R  R  V
H  R  R  P  K  N  X  A  S  J  I  S  P  R  T  Y
X  A  D  S  J  E  Y  U  A  I  S  A  S  N  E  S
S  T  E  N  L  T  A  F  N  A  I  L  H  A  E  K
Z  Z  L  I  R  N  G  S  R  Y  I  E  P  I  L  Z
V  D  T  V  H  I  N  U  L  A  Z  J  M  N  F  R
I  F  L  G  Z  U  Q  L  N  I  T  E  S  O  M  S
S  F  L  U  I  D  I  T  A  S  A  K  L  Z  S  F
I  C  R  V  N  I  X  I  F  I  T  N  E  V  N  I
```

ARTISTIK	GAMBAR
KEASLIAN	IMAJINASI
KEJELASAN	KESAN
DRAMATIS	INSPIRASI
EMOSI	INTENSITAS
SPONTAN	INTUISI
EKSPRESI	INVENTIF
FLUIDITAS	SENSASI
KEAHLIAN	VISI
IDE	DAYA HIDUP

85 - Clima

```
G C P A T Q I L Z E S P R Y Z B
G Z L I O R I E C T V L V W Z A
U A S E R I T E P B E L C R X S
N T U Q N F P G H A G N I R E K
T R H T A X A D L N M U A S D U
U O U R D Q N G S J U W J N A T
R P Z V O B G I U I S K H D G U
A I P L O O I Q A R I D J U Y B
N S D R M T N R S G M I B B U B
B A D A I I R P A G D U I V C A
L Y W H Z G K H N L B U O P T B
W H P A N N D L A T B E C J G U
B E R A W A N A I X U R V B H T
R K H U F L V F X M A S Z F D H
K E K E R I N G A N Z R H Q V Q
B Z K F W F M Z H S I J A X M M
```

SUASANA	KUTUB
TENANG	PETIR
LANGIT	KERING
IKLIM	KEKERINGAN
ES	SUHU
BANJIR	BADAI
MUSIM	TORNADO
KABUT	TROPIS
AWAN	GUNTUR
BERAWAN	ANGIN

86 - Comida #2

```
E  P  J  J  A  Y  P  P  V  R  C  A  U  W  M  K
D  U  U  A  G  R  U  C  P  J  O  X  Y  J  V  I
K  I  W  I  N  C  T  Q  D  I  K  N  Q  A  F  K
C  E  H  I  O  C  Y  I  Y  H  L  A  Q  Z  M  A
T  E  L  U  R  Q  I  T  C  I  A  P  N  D  U  N
D  H  O  S  E  D  N  O  J  H  T  E  Z  U  D  T
T  A  M  O  T  X  E  R  Z  E  O  L  Y  P  N  C
W  J  E  V  Z  J  W  L  L  Y  E  K  H  Z  A  Z
N  L  R  N  G  D  I  P  E  G  S  L  E  Z  G  D
I  I  I  R  N  A  S  I  Y  S  Y  X  K  E  J  U
R  G  A  P  G  O  P  R  U  A  R  S  A  P  U  B
A  L  M  O  N  D  F  E  G  N  W  H  U  G  B  L
A  Y  L  O  A  G  Q  C  N  G  O  J  N  U  Y  Y
M  X  H  V  S  H  K  M  H  G  I  G  W  T  C  I
F  S  J  D  I  G  C  M  R  U  B  N  B  N  G  S
O  L  H  F  P  O  O  E  T  R  U  H  G  O  Y  E
```

ARTICHOKE	APEL
ALMOND	ROTI
SELEDRI	IKAN
NASI	PISANG
TERONG	AYAM
CERI	KEJU
COKLAT	TOMAT
TELUR	GANDUM
JAHE	ANGGUR
KIWI	YOGHURT

87 - Diplomacia

```
A T P E W K D I P L O M A T I K
I S U G H B E I L I K H M C Y B
J N I H E S A R A S E B A T U D
K Q S N U N A I J N A J R E P X
R E R H G M S T N A A T U D E K
W D M H I B T A H I S A N E P Q
L O S A T I N U M O K A X M X C
O A O T N C C R F W O E M A H T
G X Q N X U G I N A N A M A E K
T R N I W Q S F A E F I C U D P
H L V R C O V I S U L O S E R O
V D O E C X Q N A L I D A E K L
N Z T M M O F U H A K I T E A I
I N T E G R I T A S N L P Y S T
R D D P K A Y I B S T K Y P R I
D I S K U S I S U L O S D L Z K
```

PENASIHAT
KOMUNITAS
KONFLIK
KERJA SAMA
DIPLOMATIK
DISKUSI
KEDUTAAN
DUTA BESAR
ASING
ETIKA

PEMERINTAH
KEMANUSIAAN
BAHASA
INTEGRITAS
KEADILAN
POLITIK
RESOLUSI
KEAMANAN
SOLUSI
PERJANJIAN

88 - Herboristería

```
A Y C M P U J X E X U R T N T T
G R H S A T I L A U K O A W S O
N N O G A R R A T C B S N P C V
U K G M S B J G A I A E A D R W
B U E D A Y D O S G H M M I Y V
D J V B R T Y Y R N A A A O T C
A T W L U L I D K A N R N K V H
H I J A U N L K T M M Y F V T C
Y P F K T D E I Z E R W Q Z O P
C K J G E M S P G K T N I M W X
Z Y J L V Z R R X O I W K V E O
O D X E J V E Q D P Y O Q B U M
O Z Q E H I T U P G N A W A B A
G O M C N R E N I L U K E U F D
G X K Y M K P H O L K B P D D A
L A V E N D E R F A W J O O U S
```

BAWANG PUTIH	BAHAN
KEMANGI	KEBUN
AROMATIK	LAVENDER
KUNYIT	MARJORAM
KUALITAS	MINT
KULINER	PETERSELI
DIL	TANAMAN
TARRAGON	ROSEMARY
BUNGA	RASA
ADAS	HIJAU

89 - Energía

```
B M Q E B B T E R B A R U K A N
F Y M T M A E I F P P Y T S F N
I O A Q Y N S N Z O T X J G L W
J U T N H G I X S P K Z F A X P
A S Z O Q I Z U F I A R E T A B
O W T C N N O K I F N R D Z F U
B A H A N B A K A R S S O H X E
S X C G P N P Q Y W O J M I A L
I N D U S T R I F Z Q V U D J E
P R I D K Y I B W Q M G R P K
O T A Y R Y L E S E I D F O A T
R Y N H P P K I R T S I L G N R
T E B O A M U P O L U S I E A O
N I B R U T N Q T V N S V N S N
E D K Q H K A U O K A R B O N C
Y N Q G Z O E M M N H E Z Q K E
```

BATERAI   BENSIN
PANAS   HIDROGEN
KARBON   INDUSTRI
BAHAN BAKAR   MOTOR
POLUSI   NUKLIR
DIESEL   TERBARUKAN
ELEKTRON   MATAHARI
LISTRIK   TURBIN
ENTROPI   UAP
FOTON   ANGIN

90 - Especias

```
B P A H I T W N J N D W X T W O
L A L I N A V A P V C Z Z Z W G
Z D W L V I M L F U E F R T L P
G A G A P A L A T T H M V S Q A
P L B L N A O B A O H A D A S P
A D A A L G K C S G K S S G H R
S S M B I N P B A W A N G H Q I
O I A L C V R U J A H E O E V K
D N U M O E M Q T I Y N U K V A
B F K I R A K U T I L G N G V S
W F B T I X Y M M I H A C N I A
H Z Z D C K R G A M Y R S E W R
U Q Z C E A Y Q I N L A E C F U
B C X H A N I S E N I M Z N B S
K A Y U M A N I S N P S H V N F
H J I N T E N U S Y Y V M P O Z
```

ASAM	MANIS
BAWANG PUTIH	ADAS
PAHIT	JAHE
ANISE	PALA
KUNYIT	PAPRIKA
KAYU MANIS	LADA
BAWANG	LICORICE
CENGKEH	RASA
JINTEN	GARAM
KARI	VANILA

91 - Emociones

```
B Y Z O Y F E R Q A T P I R V O
N S Y R C O W K Y O E E C O G A
T A K U T J E J E S N R O C M L
K U A V K M Q N B A A D I F T K
J P T R V U S A P N N A F V U E
N W N U I M Y H K T G M Y N U B
A A I K T B P I H A R A M A L A
A Y C U A V M D X I Q I R G E I
I S I Y P C D E S J L A L N G K
G G X S M Z N S G W T N H A A A
A F B R I Y Z E V E O N D N D N
H X R E S H C K U K K Q T E N V
A Z H B C P G M F L K O H T T Q
B W Q V D E N A N A S O B E K R
E A A S B H G L W O W E K K N A
K L X O N A T U B M E L E K P A
```

KEBOSANAN
BERSYUKUR
KEGEMBIRAAN
LEGA
CINTA
MALU
KEBAHAGIAAN
KEBAIKAN
TENANG
ISI

AMARAH
TAKUT
PERDAMAIAN
SANTAI
PUAS
SIMPATI
KELEMBUTAN
KETENANGAN
KESEDIHAN

92 - Universo

```
B K H A T U L I S T I W A B I Z
S U Y Z K F K H O R I S O N R T
U V L H S K K E G E L A P A N G
R O M A M U M L U K X V O S B A
Y N G O N V B M V S Z O K U E R
A E M K C I M O N R T S A L I
G A L A K S I N E L S I E S A S
A L G K S F A O O A F B L A H L
T S U E A O I R N N Y R E N A I
E C T E L F L T J G H O T A N N
R R I E U R G S P I J J P D B T
L G W O R O L A T T A T W D U A
I U D K C O B W K I M S O K M N
H G U N P F I B K S C Y Z Q I G
A H F M T J S D F D V E J C N I
T G A R I S B U J U R S N O D Q
```

ASTEROID
ASTRONOMI
ASTRONOM
SUASANA
LANGIT
KOSMIK
KHATULISTIWA
EON
GALAKSI
BELAHAN BUMI

HORISON
GARIS LINTANG
GARIS BUJUR
BULAN
KEGELAPAN
ORBIT
SURYA
SOLSTICE
TELESKOP
TERLIHAT

93 - Jazz

```
T I R O V A F T E G L I T H C C
H E T I K H U A E X E F X Z C S
T K K S I T R A E K B R J D N V
E O I A V A A Y U W N Y G A I L
R M S S N K B A C Z X I F O E D
K P U I T A G G C F X D K B L W
E O M V H B N O R K E S T R A O
N S U O F D W E V C O R K L F
A I R R C H U W S M S I R A M A
L S D P E W X K O R O U R T U M
V I N M M S H Q P U X V L G B G
Y N H I O X N M M G E N R E L N
S N I U T T U O O A N O Q U A T
C Y I G Y W K N K L S E O O K U
X V R R Y M C T S G G T Q L K A
M L M V K U G U M G B F L H K Q
```

ARTIS
ALBUM
LAGU
KOMPOSISI
KOMPOSER
KONSER
GAYA
TEKANAN
TERKENAL
FAVORIT

GENRE
IMPROVISASI
MUSIK
BARU
ORKESTRA
IRAMA
BAKAT
DRUM
TEKNIK
TUA

94 - Mediciones

```
D Y P N A H S T G V T W S P C J
D E V A S S A M B I B E U T E X
E M R M K I S N E M O Q J R K A
S U E A E I A D R C L Y J S S B
I L T L J L M A R G O L I K S
M O I A R A K O T R U V E G D E
A V L D B U T P M A R G O G J N
L Y M E T E R S Y E M Q N N O T
R H H K Y V W C H L T Q E I O I
Q N D W P H V I D E F E U T R M
P A N J A N G N H B W R R F F E
J A A D J B D C O A W A L D U T
N B J E Z H Q I D R B U J B L E
G O C O A X F N R S Y F U W B R
C G N J I X M X M M T P K X S I
Y O Y S M E N I T W E J R S I P
```

TINGGI	PANJANG
LEBAR	MASSA
BYTE	METER
SENTIMETER	MENIT
DESIMAL	ONS
DERAJAT	BERAT
GRAM	KEDALAMAN
KILOGRAM	INCI
KILOMETER	TON
LITER	VOLUME

95 - Barcos

```
V X T A R B D X P Y K J U D T M
C O O W K T H E E E T H C A Y A
S U N G A I B A L J L P O N O R
H X B A H A R I A D A G B A P I
E A I Z K Y W T U O P N F U D T
B P M R E V V L T Z A U G E Z I
P C S C M E S I N Z K P U K R M
Q Z M F Q W I C F T G M U A A I
Q R Q X Q P Z D I A N A M B J R
W U U Q V C K S W A L Z M N V
D T Y A W L V K Z A I E P O U T
S S Y Z N W E G L K T P P E W A
F I A F K K A Y A K X L D Z U L
L A U T I K A R P A S A N G P I
T P E R A H U L A Y A R W I P W
S X C O B A N O P C W I Z N L Y
```

JANGKAR	PELAUT
RAKIT	MARITIM
PELAMPUNG	TIANG KAPAL
KANO	MESIN
TALI	BAHARI
FERI	OMBAK
KAYAK	SUNGAI
DANAU	AWAK
LAUT	PERAHU LAYAR
PASANG	YACHT

96 - Antártida

```
D C M M R S P R W B W T H A K S
X G E P E O S E H O X E T C O E
Y I O A L Z C J N J J L X U N M
O E G S U H U K H E K U Y K S E
G E O G R A F I Y S L K V N E N
N V B G W G P D T D H I E T R A
U J H G L P E N G U I N T I V N
R B V A Y E I K N T K N L I A J
U A L U P A T Q Z V Z F Z Q S U
B D L N U Y I S A R G I M U I N
P W G E H D J J E S Y X R J L G
S T I B X K J J O R P Q P F D O
M I N E R A L I S I D E P S K E
P U A O O B F B H A I M L I E S
R S W H O C J D E V X M L T R F
I F A R G O P O T Y D U K P D A
```

AIR
TELUK
ILMIAH
KONSERVASI
BENUA
EKSPEDISI
GEOGRAFI
GLETSER
ES
PENELITI

PULAU
MIGRASI
MINERAL
AWAN
BURUNG
SEMENANJUNG
PENGUIN
ROCKY
SUHU
TOPOGRAFI

97 - Mamíferos

```
B A N T E N G I G Z J Z L C L D
A N B O Z F Y C Z H D V E O U Y
K E L E D A I S V M B S S Y M P
F R P M I H L R Q B P I Z O B J
L B Q O H J E O B A Z W U T A M
M Q G N I J N A L I R O G E L S
J X B Y R B P D C U S I K P U P
K C M E O G Q V L C U Z H A M O
S E E T O L L G A J A H E E B B
E J L P N B F N D B P K N B A B
R E M I X N L A U L M A N G R G
I R C G N I C U K Z R O V V N A
G A I C X C D R Q Y A Z D L V T
A P Y K Z F I E K A N G U R U N
L A Z U V Q V B T X Z A B H H U
A H A B U R N A J D V C N X S M
```

PAUS	KUCING
KELEDAI	GORILA
KUDA	JERAPAH
UNTA	SERIGALA
KANGURU	MONYET
ZEBRA	BERUANG
KELINCI	DOMBA
COYOTE	ANJING
LUMBA-LUMBA	BANTENG
GAJAH	RUBAH

98 - Boxeo

```
D  W  N  X  T  L  H  K  B  P  I  O  E  X  X  X
N  A  B  S  I  U  U  L  M  B  P  N  Q  C  V  F
N  G  G  T  N  P  S  I  K  U  I  W  Z  P  W  Q
P  R  M  U  J  J  E  X  C  B  R  A  N  A  M  S
M  Y  B  B  U  O  B  J  P  A  U  W  A  S  I  T
K  E  A  H  L  I  A  N  U  F  G  W  G  U  L  D
X  O  H  P  K  N  M  A  I  A  S  H  N  K  A  R
C  U  D  T  N  A  E  W  P  O  N  I  A  O  T  S
E  L  E  L  A  H  N  A  P  P  P  G  T  F  Z  U
P  D  W  S  T  I  E  L  W  R  T  N  G  B  J  D
A  B  V  S  A  L  N  X  D  N  U  E  N  T  N  U
T  L  A  R  U  U  D  W  V  X  Y  C  U  H  O  T
L  Q  E  C  K  M  A  H  C  A  C  N  R  F  Z  V
X  N  W  V  E  E  N  T  O  D  X  O  A  L  U  C
M  A  Q  E  K  P  G  P  Y  W  L  L  S  Q  N  C
O  G  U  T  U  B  U  H  T  M  B  Q  X  H  H  Z
```

WASIT	SARUNG TANGAN
DAGU	KEAHLIAN
LONCENG	PEJUANG
FOKUS	LAWAN
SIKU	MENENDANG
TALI	POIN
TUBUH	TINJU
SUDUT	CEPAT
LELAH	PEMULIHAN
KEKUATAN	

99 - Abejas

```
P  M  K  A  V  H  X  S  F  E  L  B  T  W  O  N
U  X  E  R  L  Y  Q  E  K  P  T  S  B  G  S  F
J  X  B  J  R  G  I  R  A  H  A  T  A  M  L  M
S  P  U  W  P  N  N  A  A  D  E  B  R  E  P  U
E  E  N  W  D  S  N  N  P  S  P  N  M  J  F  K
R  X  K  X  B  G  X  G  S  Z  A  A  S  A  P  A
B  U  T  C  O  L  A  G  Q  L  Y  R  K  U  J  W
U  T  A  R  E  M  I  A  G  N  A  Y  A  S  K  A
K  T  A  M  K  E  K  L  I  A  S  M  S  N  R  N
S  V  F  R  O  K  D  D  I  G  S  A  W  A  G  A
A  S  N  Z  S  A  A  N  A  N  A  K  A  M  E  N
R  J  A  Y  I  R  M  M  T  U  I  F  I  A  D  E
I  X  M  S  S  B  V  K  U  B  R  E  Y  N  E  P
O  Z  R  P  T  S  U  C  L  Y  Z  Z  K  A  C  J
N  Q  E  N  E  S  Y  A  Z  I  L  U  T  T  L  O
Z  V  B  W  M  G  V  N  H  K  V  C  L  T  G  L
```

SAYAP	BUAH
BERMANFAAT	ASAP
LILIN	SERANGGA
SARANG	KEBUN
MAKANAN	SAYANG
PERBEDAAN	TANAMAN
EKOSISTEM	SERBUK SARI
KAWANAN	PENYERBUK
MEKAR	RATU
BUNGA	MATAHARI

100 - Psicología

```
L  K  D  W  I  S  I  N  G  O  K  A  K  U  E  K
Y  T  A  A  P  Z  E  D  C  Q  R  X  E  R  E  L
L  U  E  J  A  H  P  N  V  D  A  C  P  M  P  I
J  M  M  A  R  K  E  A  S  H  D  G  R  F  G  N
Z  J  O  S  E  Y  R  O  M  A  A  F  I  H  P  I
M  L  S  N  T  H  I  N  W  L  S  M  B  R  E  S
M  I  I  P  B  N  L  A  G  A  H  I  A  E  R  L
A  W  A  H  O  A  A  R  M  S  A  Q  D  A  S  J
K  I  P  M  I  M  K  I  Q  A  W  A  I  L  E  G
V  D  Y  I  E  A  U  K  A  M  A  C  A  I  P  U
Q  E  P  Y  A  L  D  I  O  L  B  S  N  T  S  D
J  A  N  J  I  A  L  P  G  N  I  G  S  A  I  A
W  O  R  A  A  G  G  W  E  J  F  N  B  S  T  R
H  U  R  A  G  N  E  P  N  V  B  L  E  N  H  X
E  T  V  Y  D  E  O  H  K  D  A  A  I  P  Y  O
K  W  F  J  V  P  S  B  G  I  E  C  Q  K  F  R
```

JANJI	BAWAH SADAR
KLINIS	PENGARUH
KOGNISI	PIKIRAN
PERILAKU	PERSEPSI
KONFLIK	KEPRIBADIAN
EGO	MASALAH
EMOSI	REALITAS
PENILAIAN	SENSASI
PENGALAMAN	MIMPI
IDE	TERAPI

1 - Arqueología

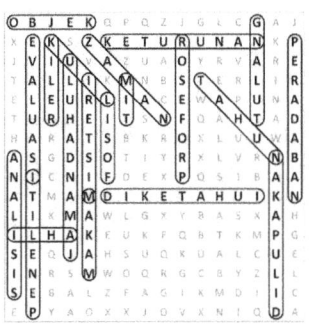

2 - Granja #2

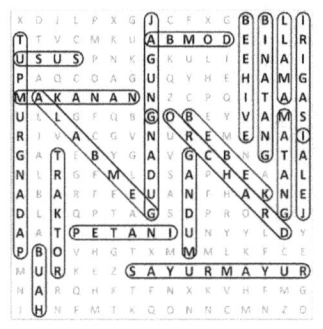

3 - La Empresa

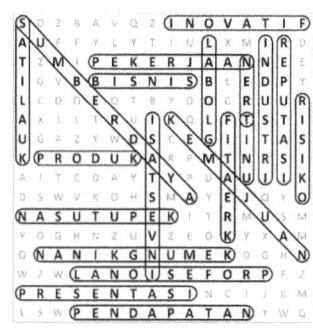

4 - Pesca

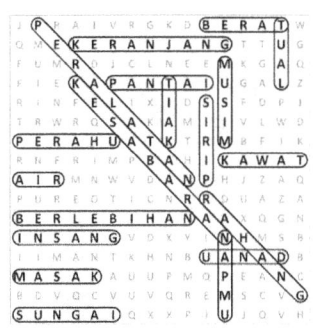

5 - Aviones

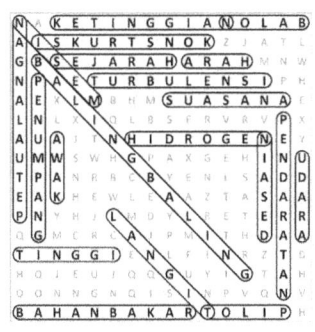

6 - Tipos de Cabello

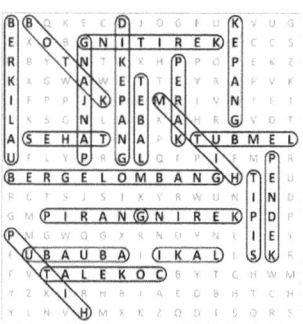

7 - Ética

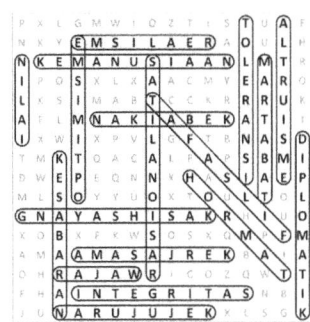

8 - Ciencia Ficción

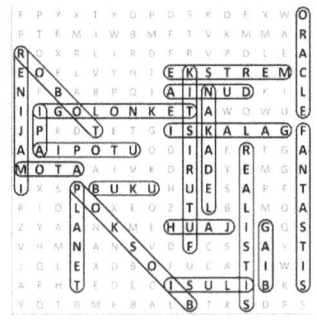

9 - Granja #1

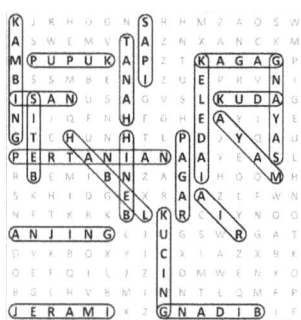

10 - Camping

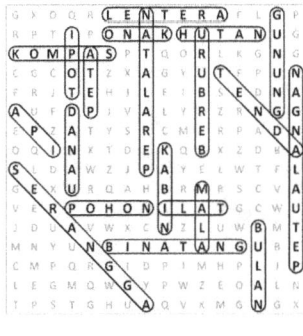

11 - Fruta

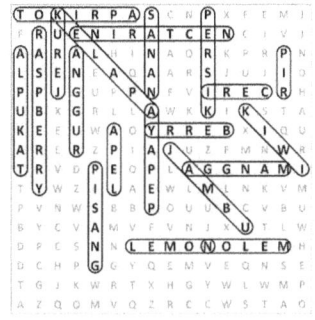

12 - Geología

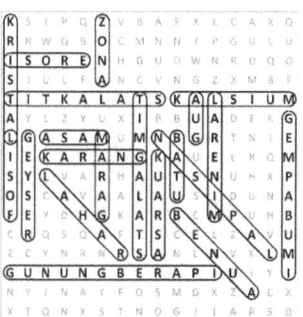

13 - Álgebra

14 - Plantas

15 - Suministros de Arte

16 - Negocio

17 - Jardín

18 - Países #2

19 - Números

20 - Física

21 - Belleza

22 - Países #1

23 - Mitología

24 - Ecología

25 - Casa

26 - Artes Visuales

27 - Salud y Bienestar #2

28 - Adjetivos #1

29 - Disciplinas Científicas

30 - Moda

31 - Salud y Bienestar #1

32 - Adjetivos #2

33 - Cuerpo Humano

34 - Calentamiento GI

35 - Ciencia

36 - Restaurante #2

37 - Profesiones #1

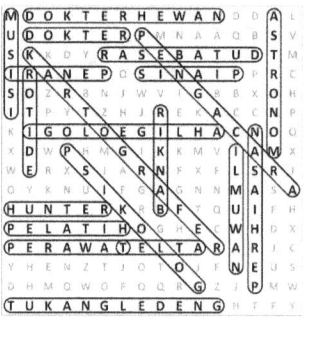

38 - Vehículos

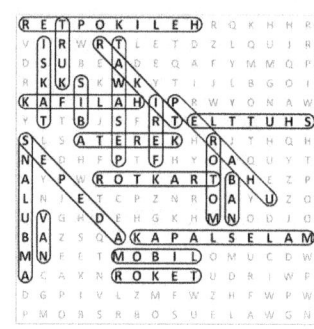

39 - Geometría

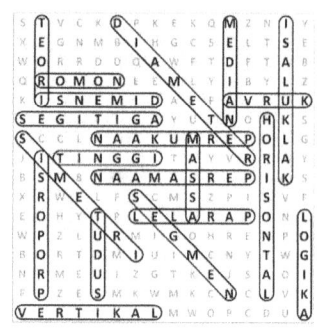

40 - Vacaciones #2

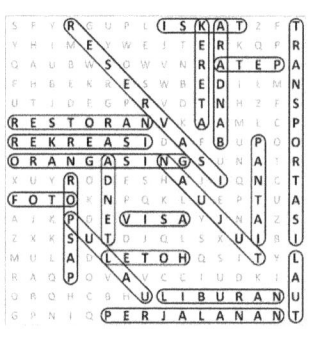

41 - Baile

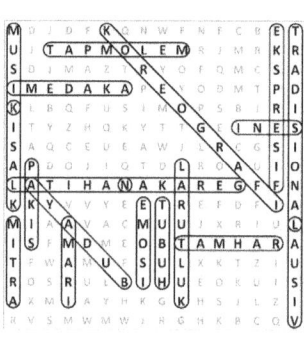

42 - Matemáticas

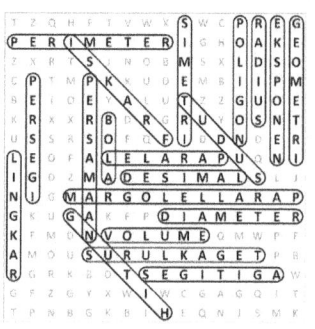

43 - Profesiones #2

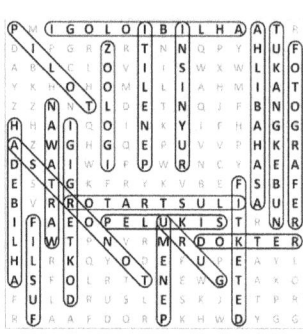

44 - Senderismo

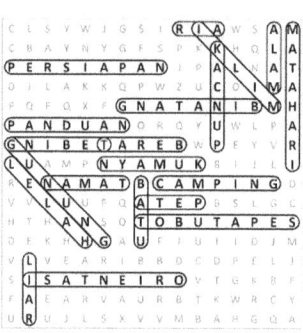

45 - Naturaleza

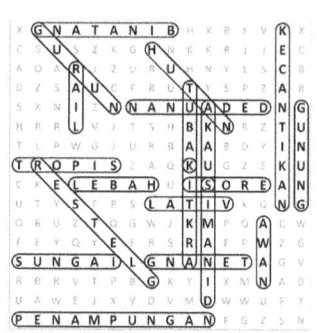

46 - Conduciendo

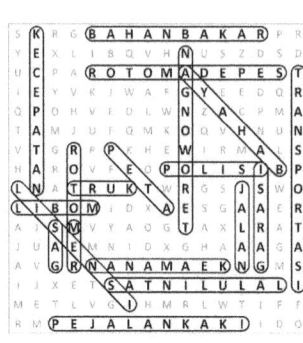

47 - Ballet

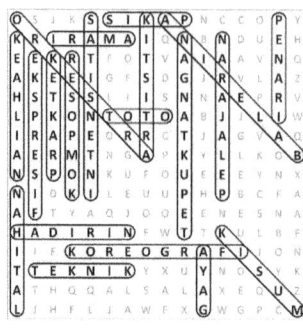

48 - Fuerza y Gravedad

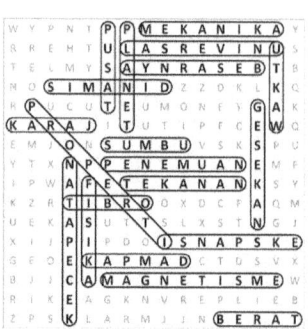

49 - Aventura

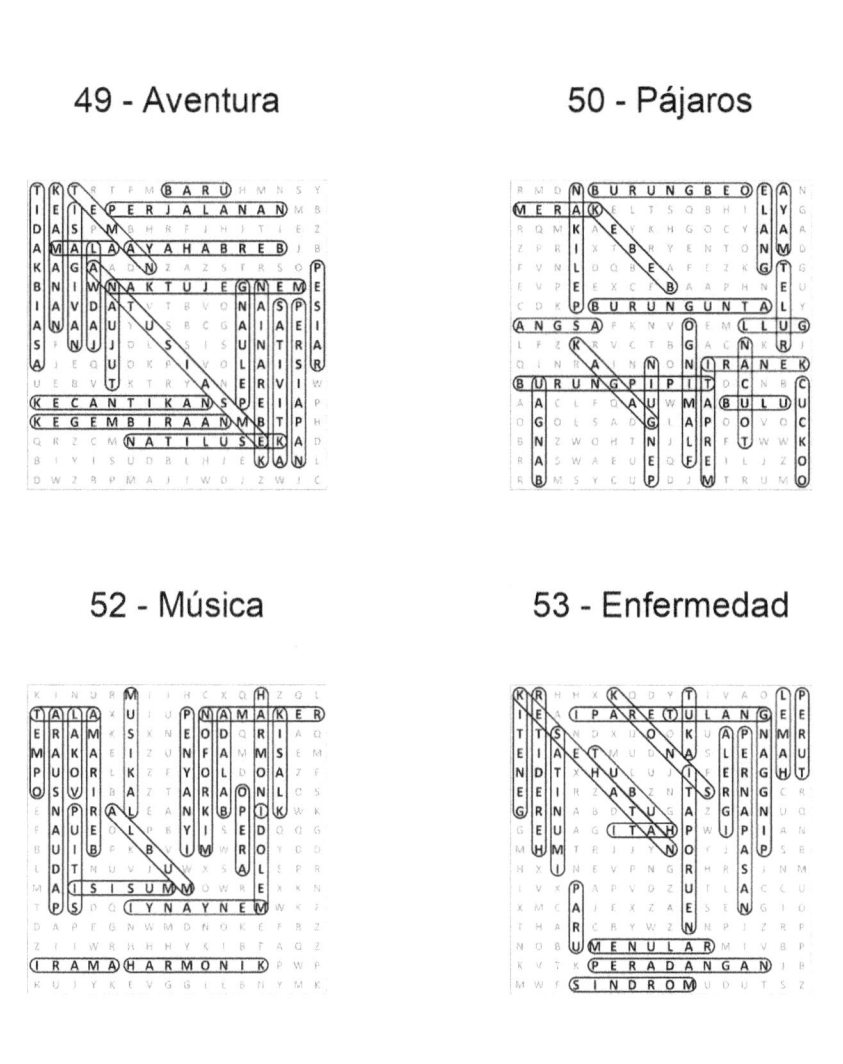

50 - Pájaros

51 - Geografía

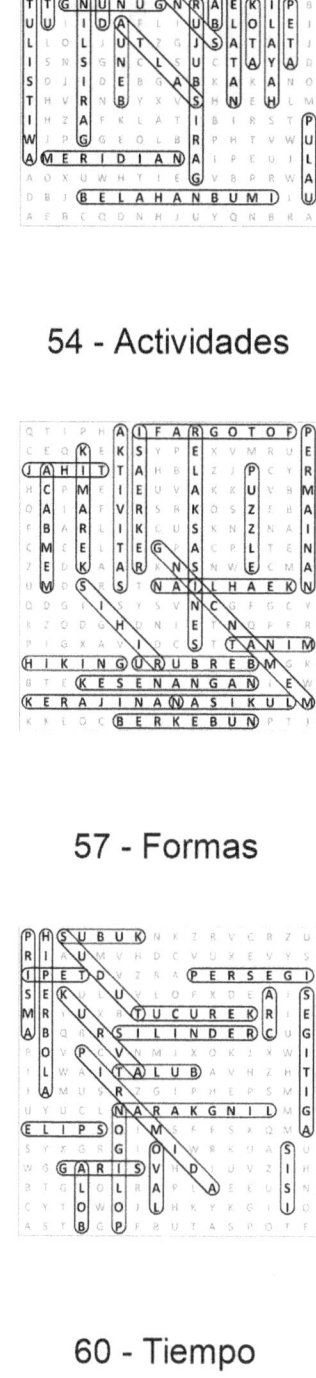

52 - Música

53 - Enfermedad

54 - Actividades

55 - Verduras

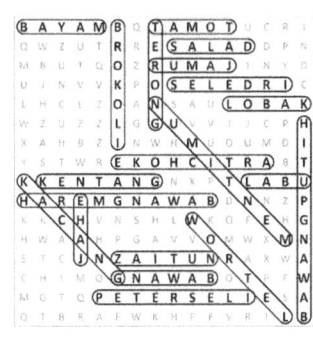

56 - Instrumentos Musicales

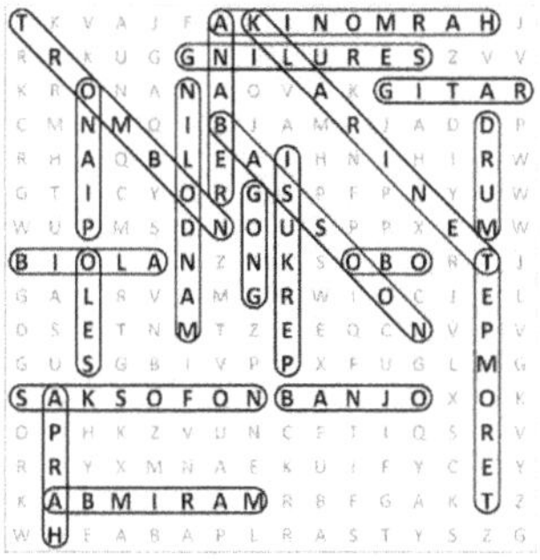

57 - Formas

58 - Flores

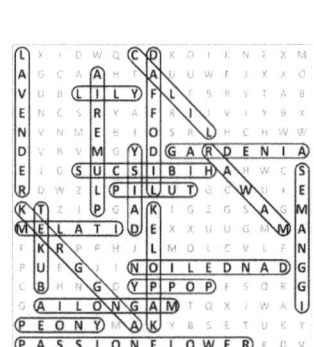

59 - Astronomía

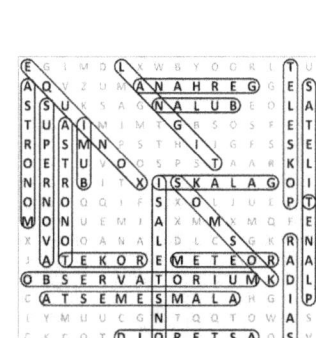

60 - Tiempo

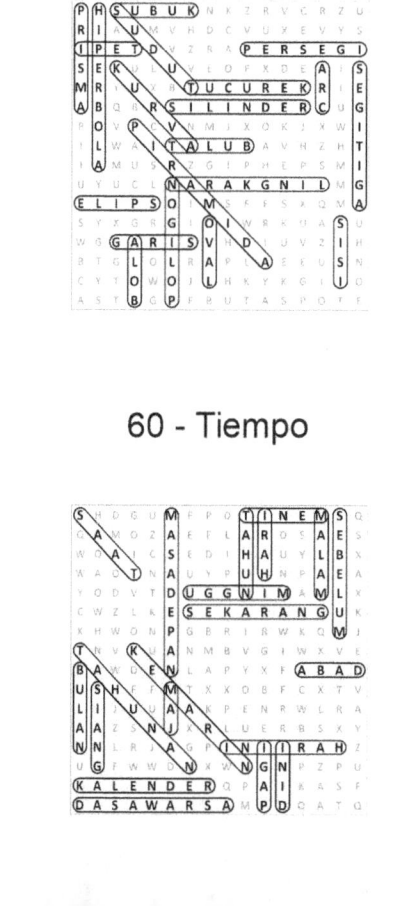

61 - Paisajes

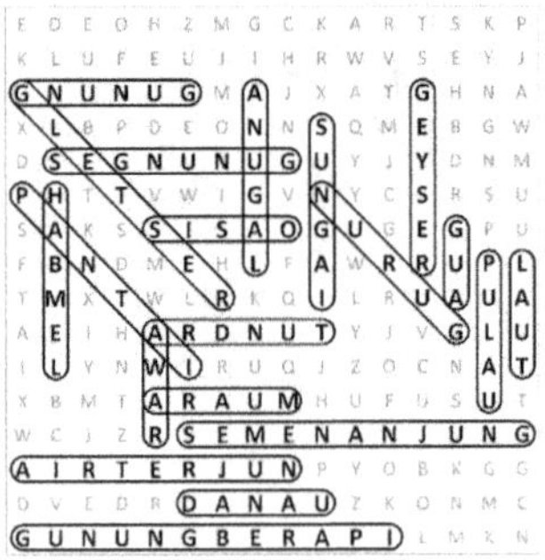

62 - Días y Meses

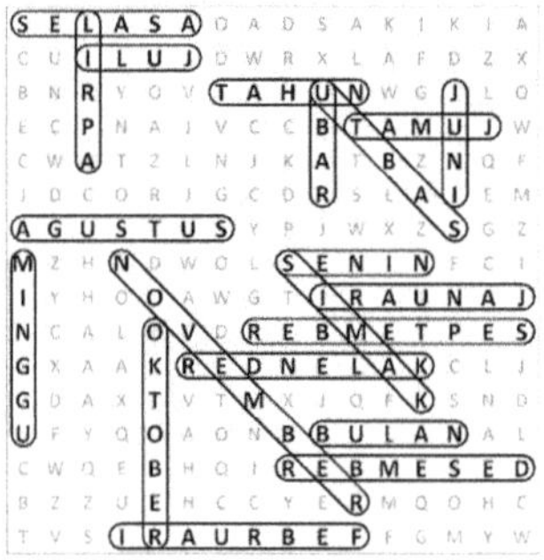

63 - Biología

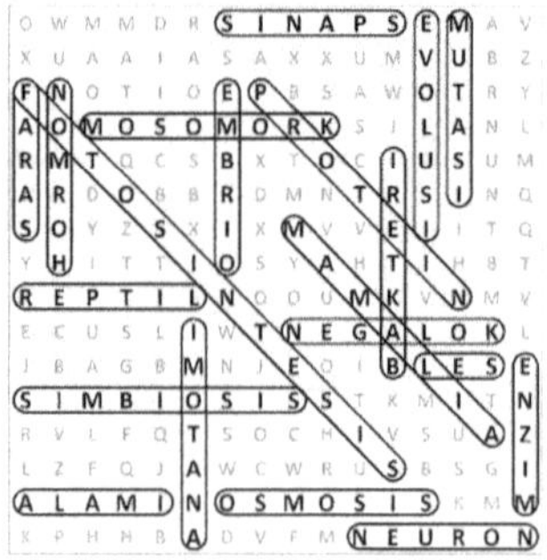

64 - Chocolate

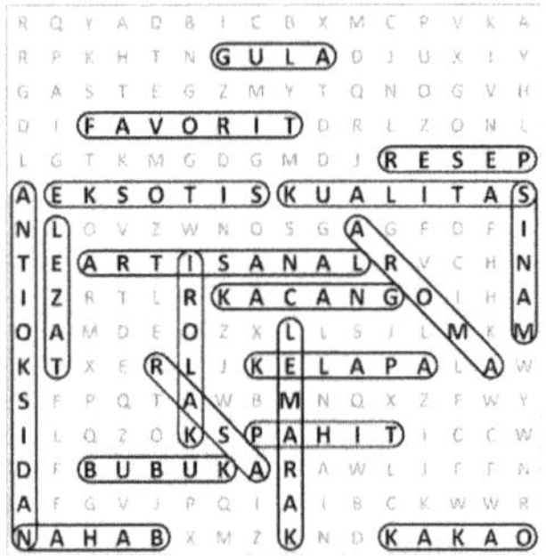

65 - Barbacoas

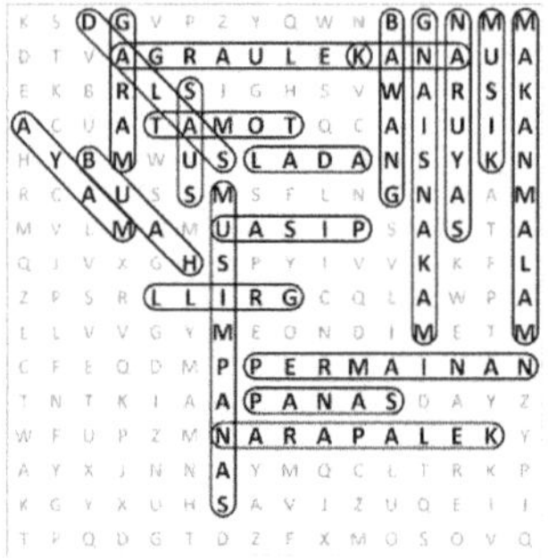

66 - Ropa

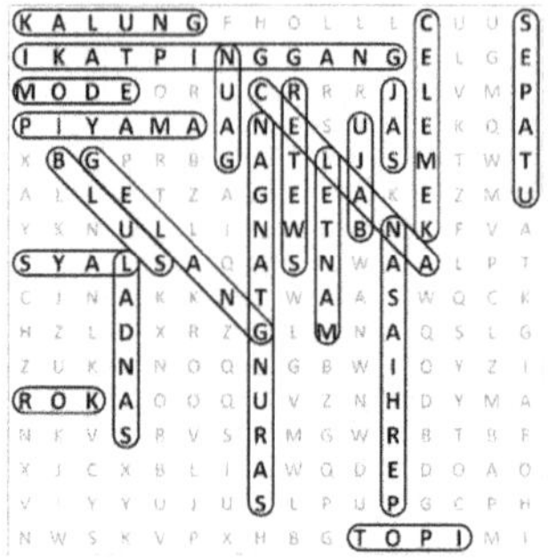

67 - Meditación

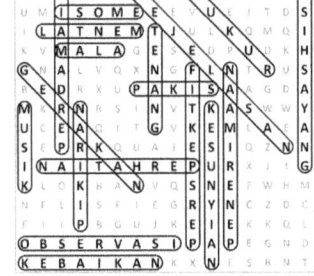

68 - Café

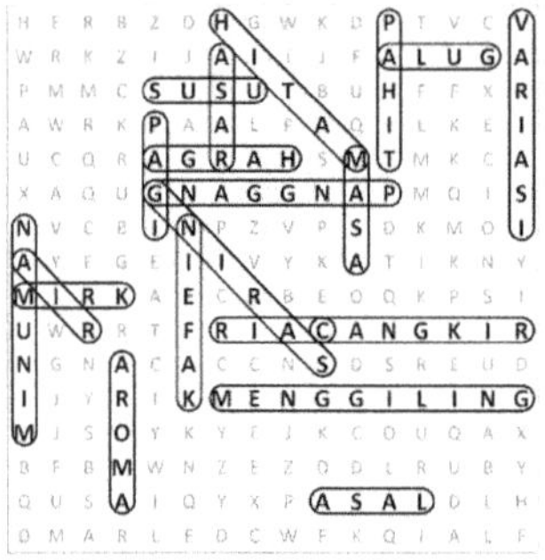

69 - Libros

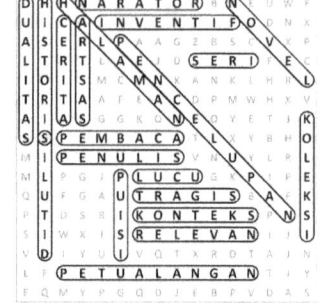

70 - Los Medios de Comunicación

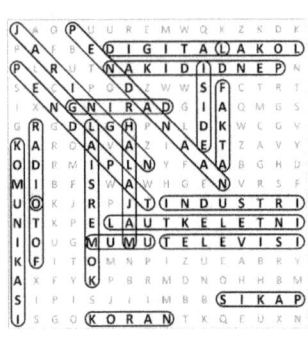

71 - Nutrición

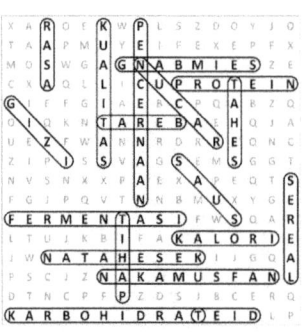

72 - Edificios

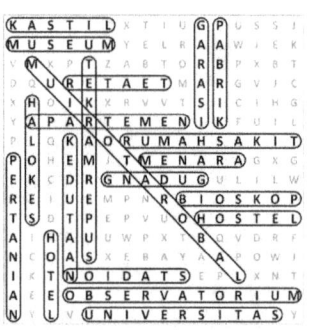

73 - Océano

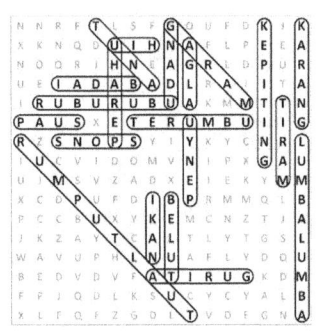

74 - Ciudad

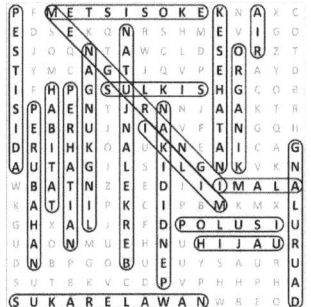

75 - Conservación

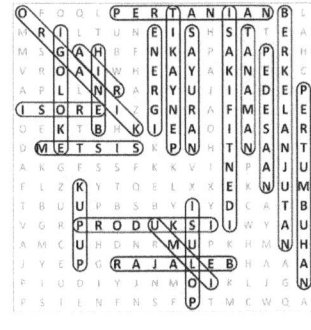

76 - Agronomía

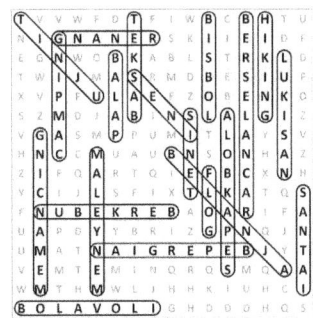

77 - Actividades y Ocio

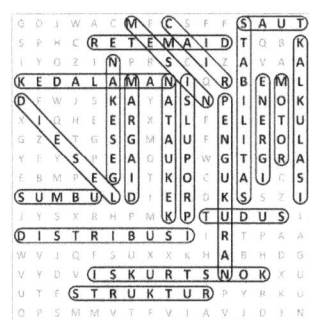

78 - Ingeniería

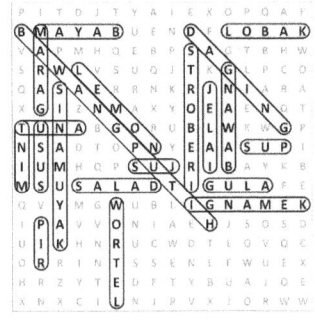

79 - Comida #1

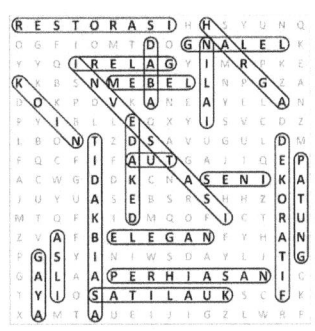

80 - Antigüedades

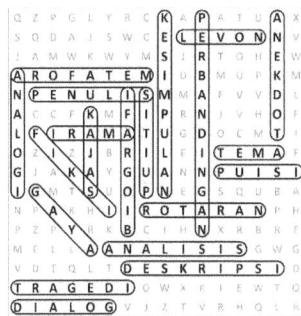

81 - Literatura

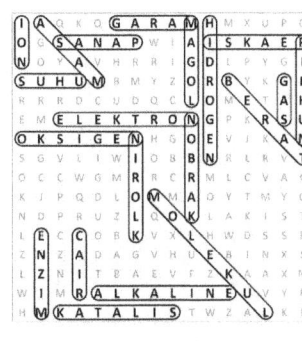

82 - Química

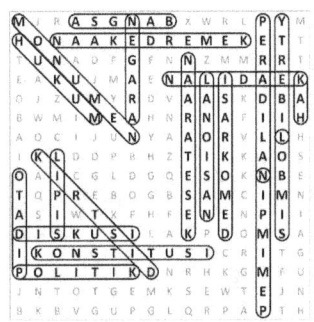

83 - Gobierno

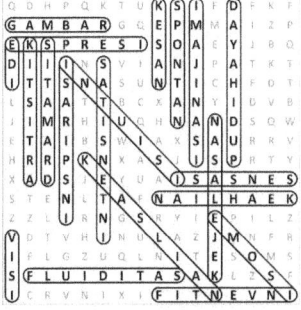

84 - Creatividad

85 - Clima

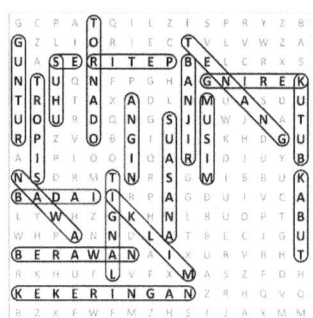

86 - Comida #2

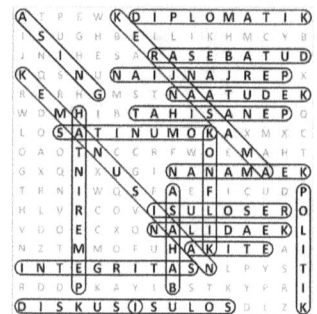

87 - Diplomacia

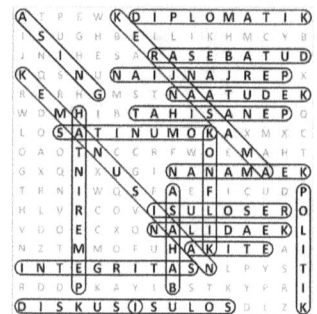

88 - Herboristería

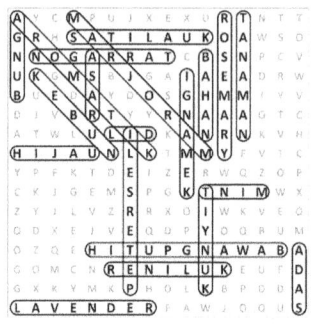

89 - Energía

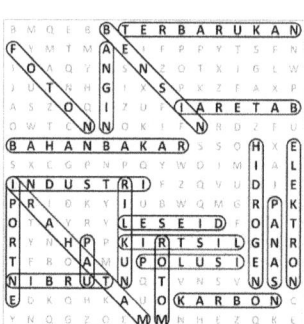

90 - Especias

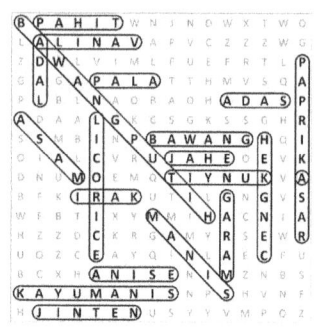

91 - Emociones

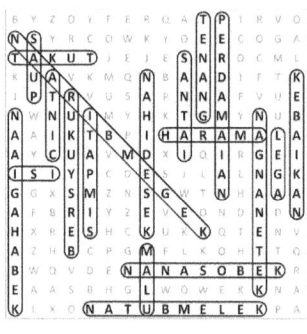

92 - Universo

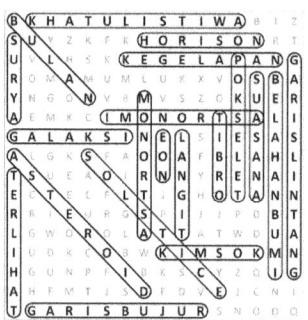

93 - Jazz

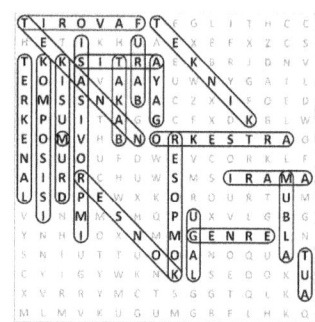

94 - Mediciones

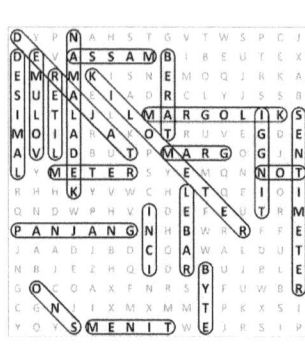

95 - Barcos

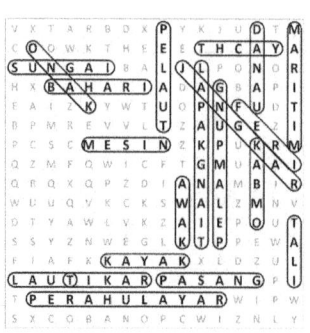

96 - Antártida

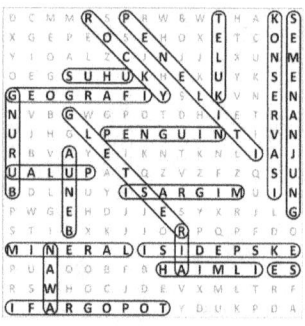

97 - Mamíferos

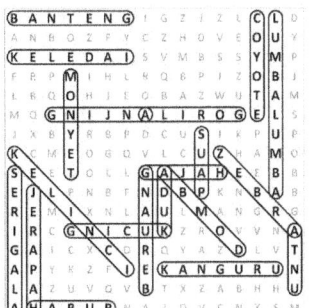

98 - Boxeo

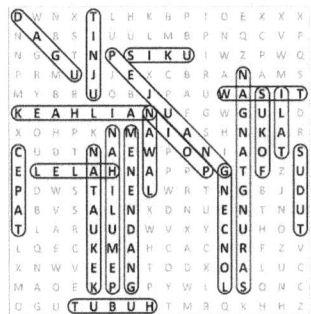

99 - Abejas

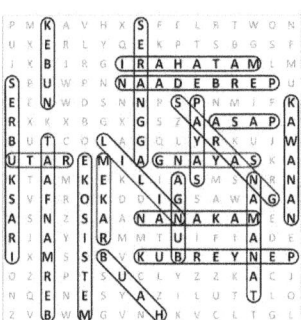

100 - Psicología

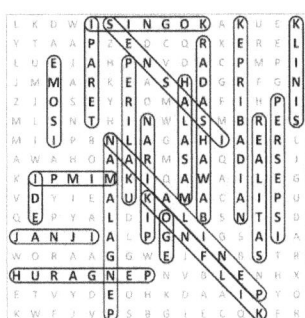

Diccionario

Abejas
Lebah

Alas	Sayap
Beneficioso	Bermanfaat
Cera	Lilin
Colmena	Sarang
Comida	Makanan
Diversidad	Perbedaan
Ecosistema	Ekosistem
Enjambre	Kawanan
Flor	Mekar
Flores	Bunga
Fruta	Buah
Humo	Asap
Insecto	Serangga
Jardín	Kebun
Miel	Sayang
Plantas	Tanaman
Polen	Serbuk Sari
Polinizador	Penyerbuk
Reina	Ratu
Sol	Matahari

Actividades
Kegiatan

Actividad	Aktivitas
Arte	Seni
Artesanía	Kerajinan
Caza	Berburu
Cerámica	Keramik
Costura	Jahit
Fotografía	Fotografi
Habilidad	Keahlian
Intereses	Minat
Jardinería	Berkebun
Juegos	Permainan
Lectura	Membaca
Magia	Sihir
Ocio	Rekreasi
Pesca	Memancing
Pintura	Lukisan
Placer	Kesenangan
Relajación	Relaksasi
Rompecabezas	Puzzle
Senderismo	Hiking

Actividades y Ocio
Aktivitas dan Kenyamanan

Arte	Seni
Baloncesto	Basket
Béisbol	Bisbol
Boxeo	Tinju
Buceo	Menyelam
Camping	Camping
Carreras	Balap
Compras	Belanja
Fútbol	Sepak Bola
Golf	Golf
Jardinería	Berkebun
Natación	Renang
Pesca	Memancing
Pintura	Lukisan
Relajante	Santai
Senderismo	Hiking
Surf	Berselancar
Tenis	Tenis
Viaje	Bepergian
Voleibol	Bola Voli

Adjetivos #1
Kata Sifat # 1

Absoluto	Mutlak
Activo	Aktif
Ambicioso	Ambisius
Aromático	Aromatik
Atractivo	Menarik
Brillante	Terang
Enorme	Besar
Exótico	Eksotis
Generoso	Dermawan
Honesto	Jujur
Importante	Penting
Inocente	Lugu
Joven	Muda
Lento	Lambat
Moderno	Modern
Oscuro	Gelap
Perfecto	Sempurna
Pesado	Berat
Serio	Serius
Valioso	Berharga

Adjetivos #2
Kata Sifat #2

Cansado	Lelah
Comestible	Bisa Dimakan
Creativo	Kreatif
Descriptivo	Deskriptif
Dramático	Dramatis
Dulce	Manis
Elegante	Elegan
Famoso	Terkenal
Fresco	Segar
Fuerte	Kuat
Interesante	Menarik
Natural	Alami
Normal	Biasa
Nuevo	Baru
Orgulloso	Bangga
Picante	Pedas
Productivo	Produktif
Salado	Asin
Saludable	Sehat
Seco	Kering

Agronomía
Agronomi

Agricultura	Pertanian
Agua	Air
Ciencia	Ilmu
Contaminación	Polusi
Crecimiento	Pertumbuhan
Ecología	Ekologi
Energía	Energi
Enfermedades	Penyakit
Erosión	Erosi
Estudio	Belajar
Fertilizante	Pupuk
Identificación	Identifikasi
Orgánico	Organik
Plantas	Tanaman
Producción	Produksi
Rural	Pedesaan
Semillas	Benih
Sistemas	Sistem
Sostenible	Berkelanjutan
Verduras	Sayuran

Antártida
Antartika

Agua	Air
Bahía	Teluk
Científico	Ilmiah
Conservación	Konservasi
Continente	Benua
Expedición	Ekspedisi
Geografía	Geografi
Glaciares	Gletser
Hielo	Es
Investigador	Peneliti
Islas	Pulau
Migración	Migrasi
Minerales	Mineral
Nubes	Awan
Pájaros	Burung
Península	Semenanjung
Pingüinos	Penguin
Rocoso	Rocky
Temperatura	Suhu
Topografía	Topografi

Antigüedades
Barang Antik

Arte	Seni
Auténtico	Asli
Calidad	Kualitas
Decorativo	Dekoratif
Décadas	Dekade
Elegante	Elegan
Escultura	Patung
Estilo	Gaya
Galería	Galeri
Inusual	Tidak Biasa
Inversión	Investasi
Joyas	Perhiasan
Monedas	Koin
Mueble	Mebel
Precio	Harga
Restauración	Restorasi
Siglo	Abad
Subasta	Lelang
Valor	Nilai
Viejo	Tua

Arqueología
Arkeologi

Análisis	Analisis
Antigüedad	Jaman Dahulu
Años	Tahun
Civilización	Peradaban
Descendiente	Keturunan
Desconocido	Diketahui
Equipo	Tim
Era	Zaman
Evaluación	Evaluasi
Experto	Ahli
Fósil	Fosil
Huesos	Tulang
Investigador	Peneliti
Misterio	Misteri
Objetos	Objek
Olvidado	Dilupakan
Profesor	Profesor
Reliquia	Relik
Templo	Kuil
Tumba	Makam

Artes Visuales
Seni Visual

Arcilla	Tanah Liat
Arquitectura	Arsitektur
Artista	Artis
Barniz	Pernis
Caballete	Penyangga
Carbón	Arang
Cera	Lilin
Cerámica	Keramik
Composición	Komposisi
Creatividad	Kreativitas
Escultura	Patung
Fotografía	Foto
Lápiz	Pensil
Obra Maestra	Mahakarya
Película	Film
Perspectiva	Perspektif
Pintura	Lukisan
Pluma	Pena
Retrato	Potret
Tiza	Kapur

Astronomía
Astronomi

Asteroide	Asteroid
Astronauta	Astronot
Astrónomo	Astronom
Cielo	Langit
Cohete	Roket
Constelación	Konstelasi
Cosmos	Kosmos
Eclipse	Gerhana
Equinoccio	Equinox
Galaxia	Galaksi
Luna	Bulan
Meteoro	Meteor
Observatorio	Observatorium
Planeta	Planet
Radiación	Radiasi
Satélite	Satelit
Supernova	Supernova
Telescopio	Teleskop
Tierra	Bumi
Universo	Alam Semesta

Aventura
Petualangan

Actividad	Aktivitas
Alegría	Kegembiraan
Amigos	Teman
Belleza	Kecantikan
Destino	Tujuan
Dificultad	Kesulitan
Entusiasmo	Antusiasme
Excursión	Pesiar
Inusual	Tidak Biasa
Itinerario	Jadwal
Naturaleza	Alam
Navegación	Navigasi
Nuevo	Baru
Oportunidad	Peluang
Peligroso	Berbahaya
Preparación	Persiapan
Seguridad	Keamanan
Sorprendente	Mengejutkan
Valentía	Keberanian
Viajes	Perjalanan

Aviones
Pesawat Terbang

Aire	Udara
Altitud	Ketinggian
Altura	Tinggi
Aterrizaje	Pendaratan
Atmósfera	Suasana
Aventura	Petualangan
Cielo	Langit
Combustible	Bahan Bakar
Construcción	Konstruksi
Dirección	Arah
Diseño	Desain
Globo	Balon
Hélices	Baling-Baling
Hidrógeno	Hidrogen
Historia	Sejarah
Motor	Mesin
Pasajero	Penumpang
Piloto	Pilot
Tripulación	Awak
Turbulencia	Turbulensi

Álgebra
Aljabar

Cantidad	Kuantitas
Cero	Nol
Diagrama	Diagram
División	Divisi
Ecuación	Persamaan
Exponente	Eksponen
Factor	Faktor
Falso	Salah
Fórmula	Rumus
Fracción	Fraksi
Infinito	Tak Terbatas
Lineal	Linear
Matriz	Matriks
Número	Nomor
Paréntesis	Kurung
Problema	Masalah
Resolver	Memecahkan
Resta	Pengurangan
Solución	Solusi
Variable	Variabel

Baile
Menari

Academia	Akademi
Arte	Seni
Clásico	Klasik
Coreografía	Koreografi
Cuerpo	Tubuh
Cultura	Budaya
Cultural	Kultural
Emoción	Emosi
Ensayo	Latihan
Expresivo	Ekspresif
Gracia	Rahmat
Movimiento	Gerakan
Música	Musik
Postura	Sikap
Ritmo	Irama
Saltar	Melompat
Socio	Mitra
Tradicional	Tradisional
Visual	Visual

Ballet
Balet

Aplauso	Tepuk Tangan
Artístico	Artistik
Audiencia	Hadirin
Bailarina	Balerina
Bailarines	Penari
Compositor	Komposer
Coreografía	Koreografi
Ensayo	Latihan
Estilo	Gaya
Expresivo	Ekspresif
Gesto	Sikap
Habilidad	Keahlian
Intensidad	Intensitas
Lecciones	Pelajaran
Músculos	Otot
Música	Musik
Orquesta	Orkestra
Práctica	Praktek
Ritmo	Irama
Técnica	Teknik

Barbacoas
Barbekyu

Almuerzo	Makan Siang
Caliente	Panas
Cebollas	Bawang
Cena	Makan Malam
Cuchillos	Pisau
Ensaladas	Salad
Familia	Keluarga
Fruta	Buah
Hambre	Kelaparan
Juegos	Permainan
Música	Musik
Niños	Anak
Parrilla	Grill
Pimienta	Lada
Pollo	Ayam
Sal	Garam
Salsa	Saus
Tomates	Tomat
Verano	Musim Panas
Verduras	Sayuran

Barcos
Perahu

Ancla	Jangkar
Balsa	Rakit
Boya	Pelampung
Canoa	Kano
Cuerda	Tali
Ferry	Feri
Kayak	Kayak
Lago	Danau
Mar	Laut
Marea	Pasang
Marinero	Pelaut
Marítimo	Maritim
Mástil	Tiang Kapal
Motor	Mesin
Náutico	Bahari
Olas	Ombak
Río	Sungai
Tripulación	Awak
Velero	Perahu Layar
Yate	Yacht

Belleza
Kecantikan

Aceites	Minyak
Aroma	Aroma
Champú	Sampo
Color	Warna
Cosméticos	Kosmetik
Elegancia	Keanggunan
Elegante	Elegan
Encanto	Pesona
Espejo	Cermin
Estilista	Stylist
Fotogénico	Fotogenik
Fragancia	Wangi
Gracia	Rahmat
Maquillaje	Dandan
Piel	Kulit
Pintalabios	Lipstik
Rizos	Ikal
Rímel	Maskara
Servicios	Jasa
Tijeras	Gunting

Biología
Biologi

Anatomía	Anatomi
Bacterias	Bakteri
Celda	Sel
Colágeno	Kolagen
Cromosoma	Kromosom
Embrión	Embrio
Enzima	Enzim
Evolución	Evolusi
Fotosíntesis	Fotosintesis
Hormona	Hormon
Mamífero	Mamalia
Mutación	Mutasi
Natural	Alami
Nervio	Saraf
Neurona	Neuron
Ósmosis	Osmosis
Proteína	Protein
Reptil	Reptil
Simbiosis	Simbiosis
Sinapsis	Sinaps

Boxeo
Tinju.

Árbitro	Wasit
Barbilla	Dagu
Campana	Lonceng
Centrar	Fokus
Codo	Siku
Cuerdas	Tali
Cuerpo	Tubuh
Esquina	Sudut
Exhausto	Lelah
Fuerza	Kekuatan
Guantes	Sarung Tangan
Habilidad	Keahlian
Luchador	Pejuang
Oponente	Lawan
Patear	Menendang
Puntos	Poin
Puño	Tinju
Rápido	Cepat
Recuperación	Pemulihan

Café
Kopi

Agua	Air
Amargo	Pahit
Aroma	Aroma
Asado	Panggang
Azúcar	Gula
Ácido	Asam
Bebida	Minuman
Cafeína	Kafein
Crema	Krim
Filtro	Saring
Leche	Susu
Líquido	Cair
Mañana	Pagi
Moler	Menggiling
Negro	Hitam
Origen	Asal
Precio	Harga
Sabor	Rasa
Taza	Cangkir
Variedad	Variasi

Calentamiento Global
Pemanasan Global

Ahora	Sekarang
Ambiental	Lingkungan
Atención	Perhatian
Ártico	Arktik
Científico	Ilmuwan
Clima	Iklim
Consecuencias	Konsekuensi
Crisis	Krisis
Datos	Data
Desarrollo	Pembangunan
Energía	Energi
Futuro	Masa Depan
Gas	Gas
Generaciones	Generasi
Gobierno	Pemerintah
Industria	Industri
Internacional	Internasional
Legislación	Legislasi
Poblaciones	Populasi
Temperaturas	Suhu

Camping
Berkemah

Animales	Binatang
Aventura	Petualangan
Árboles	Pohon
Bosque	Hutan
Brújula	Kompas
Cabina	Kabin
Canoa	Kano
Carpa	Tenda
Caza	Berburu
Cuerda	Tali
Equipo	Peralatan
Fuego	Api
Insecto	Serangga
Lago	Danau
Linterna	Lentera
Luna	Bulan
Mapa	Peta
Montaña	Gunung
Naturaleza	Alam
Sombrero	Topi

Casa
Rumah

Alfombra	Karpet
Ático	Loteng
Biblioteca	Perpustakaan
Chimenea	Perapian
Cocina	Dapur
Dormitorio	Kamar Tidur
Ducha	Mandi
Escoba	Sapu
Espejo	Cermin
Garaje	Garasi
Grifo	Keran
Jardín	Kebun
Lámpara	Lampu
Pared	Dinding
Piso	Lantai
Puerta	Pintu
Sótano	Basement
Techo	Atap
Valla	Pagar
Ventana	Jendela

Chocolate
Cokelat

Amargo	Pahit
Antioxidante	Antioksidan
Aroma	Aroma
Artesanal	Artisanal
Azúcar	Gula
Cacahuetes	Kacang
Cacao	Kakao
Calidad	Kualitas
Calorías	Kalori
Caramelo	Karamel
Coco	Kelapa
Delicioso	Lezat
Dulce	Manis
Exótico	Eksotis
Favorito	Favorit
Gusto	Rasa
Ingrediente	Bahan
Polvo	Bubuk
Receta	Resep

Ciencia
Sains

Átomo	Atom
Científico	Ilmuwan
Clima	Iklim
Datos	Data
Evolución	Evolusi
Experimento	Percobaan
Física	Fisika
Fósil	Fosil
Gravedad	Gravitasi
Hecho	Fakta
Hipótesis	Hipotesis
Laboratorio	Laboratorium
Método	Metode
Minerales	Mineral
Moléculas	Molekul
Naturaleza	Alam
Organismo	Organisme
Partículas	Partikel
Plantas	Tanaman
Químico	Bahan Kimia

Ciencia Ficción
Fiksi Ilmiah

Atómico	Atom
Cine	Bioskop
Distante	Jauh
Explosión	Ledakan
Extremo	Ekstrem
Fantástico	Fantastis
Fuego	Api
Futurista	Futuristik
Galaxia	Galaksi
Ilusión	Ilusi
Imaginario	Imajiner
Libros	Buku
Misterioso	Gaib
Mundo	Dunia
Oráculo	Oracle
Planeta	Planet
Realista	Realistis
Robots	Robot
Tecnología	Teknologi
Utopía	Utopia

Ciudad
Kota

Aeropuerto	Bandara
Banco	Bank
Biblioteca	Perpustakaan
Cine	Bioskop
Clínica	Klinik
Escuela	Sekolah
Estadio	Stadion
Farmacia	Farmasi
Florista	Florist
Galería	Galeri
Hotel	Hotel
Librería	Toko Buku
Mercado	Pasar
Museo	Museum
Panadería	Toko Roti
Restaurante	Restoran
Supermercado	Supermarket
Teatro	Teater
Tienda	Toko
Universidad	Universitas

Clima
Cuaca

Atmósfera	Suasana
Calma	Tenang
Cielo	Langit
Clima	Iklim
Hielo	Es
Inundación	Banjir
Monzón	Musim
Niebla	Kabut
Nube	Awan
Nublado	Berawan
Polar	Kutub
Rayo	Petir
Seco	Kering
Sequía	Kekeringan
Temperatura	Suhu
Tormenta	Badai
Tornado	Tornado
Tropical	Tropis
Trueno	Guntur
Viento	Angin

Comida #1
Makanan # 1

Ajo	Bawang Putih
Albahaca	Kemangi
Atún	Tuna
Azúcar	Gula
Canela	Kayu Manis
Carne	Daging
Cebada	Jelai
Cebolla	Bawang
Ensalada	Salad
Espinacas	Bayam
Fresa	Stroberi
Jugo	Jus
Leche	Susu
Limón	Lemon
Menta	Mint
Nabo	Lobak
Pera	Pir
Sal	Garam
Sopa	Sup
Zanahoria	Wortel

Comida #2
Makanan # 2

Alcachofa	Artichoke
Almendra	Almond
Apio	Seledri
Arroz	Nasi
Berenjena	Terong
Cereza	Ceri
Chocolate	Coklat
Huevo	Telur
Jengibre	Jahe
Kiwi	Kiwi
Manzana	Apel
Pan	Roti
Pescado	Ikan
Plátano	Pisang
Pollo	Ayam
Queso	Keju
Tomate	Tomat
Trigo	Gandum
Uva	Anggur
Yogur	Yoghurt

Conduciendo
Mengemudi

Accidente	Kecelakaan
Calle	Jalan
Camión	Truk
Coche	Mobil
Combustible	Bahan Bakar
Frenos	Rem
Garaje	Garasi
Gas	Gas
Licencia	Lisensi
Mapa	Peta
Motocicleta	Sepeda Motor
Motor	Motor
Peatonal	Pejalan Kaki
Peligro	Bahaya
Policía	Polisi
Seguridad	Keamanan
Transporte	Transportasi
Tráfico	Lalu Lintas
Túnel	Terowongan
Velocidad	Kecepatan

Conservación
Konservasi

Agua	Air
Ambiental	Lingkungan
Cambios	Perubahan
Ciclo	Siklus
Clima	Iklim
Contaminación	Polusi
Ecosistema	Ekosistem
Educación	Pendidikan
Hábitat	Habitat
Natural	Alami
Orgánico	Organik
Pesticida	Pestisida
Preocupación	Perhatian
Reciclar	Daur Ulang
Reducir	Mengurangi
Salud	Kesehatan
Sostenible	Berkelanjutan
Verde	Hijau
Voluntario	Sukarelawan

Creatividad
Kreativitas

Artístico	Artistik
Autenticidad	Keaslian
Claridad	Kejelasan
Dramático	Dramatis
Emociones	Emosi
Espontáneo	Spontan
Expresión	Ekspresi
Fluidez	Fluiditas
Habilidad	Keahlian
Ideas	Ide
Imagen	Gambar
Imaginación	Imajinasi
Impresión	Kesan
Inspiración	Inspirasi
Intensidad	Intensitas
Intuición	Intuisi
Inventivo	Inventif
Sensación	Sensasi
Visiones	Visi
Vitalidad	Daya Hidup

Cuerpo Humano
Tubuh Manusia

Barbilla	Dagu
Boca	Mulut
Cabeza	Kepala
Cara	Wajah
Cerebro	Otak
Codo	Siku
Corazón	Hati
Cuello	Leher
Dedo	Jari
Hombro	Bahu
Labios	Bibir
Lengua	Lidah
Mano	Tangan
Nariz	Hidung
Ojo	Mata
Oreja	Telinga
Piel	Kulit
Pierna	Kaki
Rodilla	Lutut
Sangre	Darah

Diplomacia
Diplomasi

Asesor	Penasihat
Comunidad	Komunitas
Conflicto	Konflik
Cooperación	Kerja Sama
Diplomático	Diplomatik
Discusión	Diskusi
Embajada	Kedutaan
Embajador	Duta Besar
Extranjero	Asing
Ética	Etika
Gobierno	Pemerintah
Humanitario	Kemanusiaan
Idiomas	Bahasa
Integridad	Integritas
Justicia	Keadilan
Política	Politik
Resolución	Resolusi
Seguridad	Keamanan
Solución	Solusi
Tratado	Perjanjian

Disciplinas Científicas
Disiplin Ilmiah

Anatomía	Anatomi
Arqueología	Arkeologi
Astronomía	Astronomi
Biología	Biologi
Bioquímica	Biokimia
Botánica	Botani
Ecología	Ekologi
Fisiología	Fisiologi
Geología	Geologi
Inmunología	Imunologi
Lingüística	Linguistik
Mecánica	Mekanika
Meteorología	Meteorologi
Mineralogía	Mineralogi
Neurología	Neurologi
Psicología	Psikologi
Química	Kimia
Sociología	Sosiologi
Termodinámica	Termodinamika
Zoología	Zoologi

Días y Meses
Hari dan Bulan

Abril	April
Agosto	Agustus
Año	Tahun
Calendario	Kalender
Diciembre	Desember
Domingo	Minggu
Enero	Januari
Febrero	Februari
Jueves	Kamis
Julio	Juli
Junio	Juni
Lunes	Senin
Martes	Selasa
Mes	Bulan
Miércoles	Rabu
Noviembre	November
Octubre	Oktober
Sábado	Sabtu
Septiembre	September
Viernes	Jumat

Ecología
Ekologi

Clima	Iklim
Comunidades	Komunitas
Diversidad	Perbedaan
Especie	Jenis
Fauna	Fauna
Flora	Flora
Global	Global
Hábitat	Habitat
Marino	Laut
Montañas	Gunung
Natural	Alami
Naturaleza	Alam
Pantano	Rawa
Plantas	Tanaman
Recursos	Sumber Daya
Sequía	Kekeringan
Sostenible	Berkelanjutan
Variedad	Variasi
Vegetación	Vegetasi
Voluntarios	Relawan

Edificios
Bangunan

Albergue	Hostel
Apartamento	Apartemen
Castillo	Kastil
Cine	Bioskop
Embajada	Kedutaan
Escuela	Sekolah
Estadio	Stadion
Fábrica	Pabrik
Garaje	Garasi
Granero	Gudang
Granja	Pertanian
Hospital	Rumah Sakit
Hotel	Hotel
Laboratorio	Laboratorium
Museo	Museum
Observatorio	Observatorium
Supermercado	Supermarket
Teatro	Teater
Torre	Menara
Universidad	Universitas

Emociones
Emosi

Aburrimiento	Kebosanan
Agradecido	Bersyukur
Alegría	Kegembiraan
Alivio	Lega
Amor	Cinta
Avergonzado	Malu
Beatitud	Kebahagiaan
Bondad	Kebaikan
Calma	Tenang
Contenido	Isi
Ira	Amarah
Miedo	Takut
Paz	Perdamaian
Relajado	Santai
Satisfecho	Puas
Simpatía	Simpati
Ternura	Kelembutan
Tranquilidad	Ketenangan
Tristeza	Kesedihan

Energía
Energi

Batería	Baterai
Calor	Panas
Carbono	Karbon
Combustible	Bahan Bakar
Contaminación	Polusi
Diesel	Diesel
Electrón	Elektron
Eléctrico	Listrik
Entropía	Entropi
Fotón	Foton
Gasolina	Bensin
Hidrógeno	Hidrogen
Industria	Industri
Motor	Motor
Nuclear	Nuklir
Renovable	Terbarukan
Sol	Matahari
Turbina	Turbin
Vapor	Uap
Viento	Angin

Enfermedad
Penyakit

Abdominal	Perut
Agudo	Akut
Alergias	Alergi
Contagioso	Menular
Corazón	Hati
Crónica	Kronis
Cuerpo	Tubuh
Débil	Lemah
Genético	Genetik
Hereditario	Herediter
Huesos	Tulang
Inflamación	Peradangan
Inmunidad	Imunitas
Lumbar	Pinggang
Neuropatía	Neuropati
Pulmonar	Paru
Respiratorio	Pernapasan
Salud	Kesehatan
Síndrome	Sindrom
Terapia	Terapi

Especias
Rempah-Rempah

Agrio	Asam
Ajo	Bawang Putih
Amargo	Pahit
Anís	Anise
Azafrán	Kunyit
Canela	Kayu Manis
Cebolla	Bawang
Clavo	Cengkeh
Comino	Jinten
Curry	Kari
Dulce	Manis
Hinojo	Adas
Jengibre	Jahe
Nuez Moscada	Pala
Pimentón	Paprika
Pimienta	Lada
Regaliz	Licorice
Sabor	Rasa
Sal	Garam
Vainilla	Vanila

Ética
Etika

Altruismo	Altruisme
Bondad	Kebaikan
Compasión	Kasih Sayang
Cooperación	Kerja Sama
Dignidad	Martabat
Diplomático	Diplomatik
Filosofía	Filsafat
Honestidad	Kejujuran
Humanidad	Kemanusiaan
Integridad	Integritas
Optimismo	Optimisme
Paciencia	Kesabaran
Racionalidad	Rasionalitas
Razonable	Wajar
Realismo	Realisme
Respetuoso	Hormat
Sabiduría	Kebijaksanaan
Tolerancia	Toleransi
Valores	Nilai

Física
Fisika

Aceleración	Akselerasi
Átomo	Atom
Caos	Kekacauan
Densidad	Kepadatan
Electrón	Elektron
Fórmula	Rumus
Frecuencia	Frekuensi
Gas	Gas
Gravedad	Gravitasi
Magnetismo	Magnetisme
Masa	Massa
Mecánica	Mekanika
Molécula	Molekul
Motor	Mesin
Nuclear	Nuklir
Partícula	Partikel
Químico	Bahan Kimia
Relatividad	Relativitas
Universal	Universal
Velocidad	Kecepatan

Flores
Bunga-Bunga

Amapola	Poppy
Diente de León	Dandelion
Gardenia	Gardenia
Hibisco	Hibiscus
Jazmín	Melati
Lavanda	Lavender
Lila	Lilac
Lirio	Lily
Magnolia	Magnolia
Margarita	Daisy
Narciso	Daffodil
Orquídea	Anggrek
Pasionaria	Passionflower
Peonía	Peony
Pétalo	Kelopak
Plumeria	Plumeria
Ramo	Buket
Rosa	Mawar
Trébol	Semanggi
Tulipán	Tulip

Formas
Bentuk

Arco	Arc
Bordes	Tepi
Cilindro	Silinder
Círculo	Lingkaran
Cono	Kerucut
Cuadrado	Persegi
Cubo	Kubus
Curva	Kurva
Elipse	Elips
Esfera	Bola
Esquina	Sudut
Hipérbola	Hiperbola
Lado	Sisi
Línea	Garis
Oval	Oval
Pirámide	Piramida
Polígono	Poligon
Prisma	Prisma
Ronda	Bulat
Triángulo	Segitiga

Fruta
Buah

Aguacate	Alpukat
Albaricoque	Aprikot
Baya	Berry
Cereza	Ceri
Coco	Kelapa
Frambuesa	Raspberry
Guayaba	Jambu
Kiwi	Kiwi
Limón	Lemon
Mango	Mangga
Manzana	Apel
Melocotón	Persik
Melón	Melon
Naranja	Jeruk
Nectarina	Nectarine
Papaya	Pepaya
Pera	Pir
Piña	Nanas
Plátano	Pisang
Uva	Anggur

Fuerza y Gravedad
Gaya dan Gravitasi

Centro	Pusat
Descubrimiento	Penemuan
Dinámico	Dinamis
Distancia	Jarak
Eje	Sumbu
Expansión	Ekspansi
Física	Fisika
Fricción	Gesekan
Impacto	Dampak
Magnetismo	Magnetisme
Magnitud	Besarnya
Mecánica	Mekanika
Órbita	Orbit
Peso	Berat
Planetas	Planet
Presión	Tekanan
Propiedades	Properti
Tiempo	Waktu
Universal	Universal
Velocidad	Kecepatan

Geografía
Geografi

Altitud	Ketinggian
Atlas	Atlas
Ciudad	Kota
Continente	Benua
Ecuador	Khatulistiwa
Hemisferio	Belahan Bumi
Isla	Pulau
Latitud	Garis Lintang
Longitud	Garis Bujur
Mapa	Peta
Mar	Laut
Meridiano	Meridian
Montaña	Gunung
Mundo	Dunia
Norte	Utara
Oeste	Barat
País	Negara
Río	Sungai
Sur	Selatan
Territorio	Wilayah

Geología
Geologi

Ácido	Asam
Calcio	Kalsium
Capa	Lapisan
Caverna	Gua
Continente	Benua
Coral	Karang
Cristales	Kristal
Cuarzo	Kuarsa
Erosión	Erosi
Estalactita	Stalaktit
Estalagmitas	Stalagmit
Fósil	Fosil
Géiser	Geyser
Lava	Lahar
Minerales	Mineral
Piedra	Batu
Sal	Garam
Terremoto	Gempa Bumi
Volcán	Gunung Berapi
Zona	Zona

Geometría
Geometri

Altura	Tinggi
Ángulo	Sudut
Cálculo	Kalkulasi
Curva	Kurva
Diámetro	Diameter
Dimensión	Dimensi
Ecuación	Persamaan
Horizontal	Horisontal
Lógica	Logika
Masa	Massa
Mediana	Median
Número	Nomor
Paralelo	Paralel
Proporción	Proporsi
Segmento	Segmen
Simetría	Simetri
Superficie	Permukaan
Teoría	Teori
Triángulo	Segitiga
Vertical	Vertikal

Gobierno
Pemerintah

Civil	Sipil
Constitución	Konstitusi
Democracia	Demokrasi
Derechos	Hak
Discurso	Pidato
Discusión	Diskusi
Distrito	Distrik
Estado	Negara
Igualdad	Kesetaraan
Independencia	Kemerdekaan
Judicial	Peradilan
Justicia	Keadilan
Ley	Hukum
Libertad	Liberty
Líder	Pemimpin
Monumento	Monumen
Nacional	Nasional
Nación	Bangsa
Política	Politik
Símbolo	Simbol

Granja #1
Peternakan #1

Abeja	Lebah
Agricultura	Pertanian
Agua	Air
Arroz	Nasi
Burro	Keledai
Caballo	Kuda
Cabra	Kambing
Campo	Bidang
Cuervo	Gagak
Fertilizante	Pupuk
Gato	Kucing
Heno	Jerami
Miel	Sayang
Perro	Anjing
Pollo	Ayam
Semillas	Benih
Ternero	Betis
Tierra	Tanah
Vaca	Sapi
Valla	Pagar

Granja #2
Peternakan #2

Agricultor	Petani
Animales	Binatang
Cebada	Jelai
Colmena	Beehive
Comida	Makanan
Fruta	Buah
Granero	Gudang
Huerto	Orchard
Leche	Susu
Llama	Llama
Maduro	Matang
Maíz	Jagung
Oveja	Domba
Pastor	Gembala
Pato	Bebek
Prado	Padang Rumput
Riego	Irigasi
Tractor	Traktor
Trigo	Gandum
Vegetal	Sayur-Mayur

Herboristería
Herbalisme

Ajo	Bawang Putih
Albahaca	Kemangi
Aromático	Aromatik
Azafrán	Kunyit
Calidad	Kualitas
Culinario	Kuliner
Eneldo	Dil
Estragón	Tarragon
Flor	Bunga
Hinojo	Adas
Ingrediente	Bahan
Jardín	Kebun
Lavanda	Lavender
Mejorana	Marjoram
Menta	Mint
Perejil	Peterseli
Planta	Tanaman
Romero	Rosemary
Sabor	Rasa
Verde	Hijau

Ingeniería
Rekayasa

Ángulo	Sudut
Cálculo	Kalkulasi
Construcción	Konstruksi
Diagrama	Diagram
Diámetro	Diameter
Diesel	Diesel
Distribución	Distribusi
Eje	Sumbu
Energía	Energi
Estabilidad	Stabilitas
Estructura	Struktur
Fricción	Gesekan
Fuerza	Kekuatan
Líquido	Cair
Máquina	Mesin
Medición	Pengukuran
Motor	Motor
Palancas	Tuas
Profundidad	Kedalaman
Propulsión	Propulsi

Instrumentos Musicales
Instrumen Musik

Armónica	Harmonika
Arpa	Harpa
Banjo	Banjo
Clarinete	Klarinet
Fagot	Bassoon
Flauta	Seruling
Gong	Gong
Guitarra	Gitar
Mandolina	Mandolin
Marimba	Marimba
Oboe	Obo
Pandereta	Rebana
Percusión	Perkusi
Piano	Piano
Saxofón	Saksofon
Tambor	Drum
Trombón	Trombon
Trompeta	Terompet
Violín	Biola
Violonchelo	Selo

Jardín
Taman

Arbusto	Semak
Árbol	Pohon
Banco	Bangku
Estanque	Kolam
Flor	Bunga
Garaje	Garasi
Hierba	Rumput
Huerto	Orchard
Jardín	Kebun
Malezas	Gulma
Manguera	Selang
Pala	Sekop
Porche	Beranda
Rastrillo	Menyapu
Rocas	Batu
Suelo	Tanah
Terraza	Teras
Trampolín	Trampolin
Valla	Pagar
Vid	Vine

Jazz
Jazz

Artista	Artis
Álbum	Album
Canción	Lagu
Composición	Komposisi
Compositor	Komposer
Concierto	Konser
Estilo	Gaya
Énfasis	Tekanan
Famoso	Terkenal
Favoritos	Favorit
Género	Genre
Improvisación	Improvisasi
Música	Musik
Nuevo	Baru
Orquesta	Orkestra
Ritmo	Irama
Talento	Bakat
Tambores	Drum
Técnica	Teknik
Viejo	Tua

La Empresa
Perusahaan

Calidad	Kualitas
Creativo	Kreatif
Decisión	Keputusan
Empleo	Pekerjaan
Global	Global
Industria	Industri
Ingresos	Pendapatan
Innovador	Inovatif
Inversión	Investasi
Negocio	Bisnis
Posibilidad	Kemungkinan
Presentación	Presentasi
Producto	Produk
Profesional	Profesional
Progreso	Kemajuan
Recursos	Sumber Daya
Reputación	Reputasi
Riesgos	Risiko
Tendencias	Tren
Unidades	Unit

Libros
Buku-Buku

Autor	Penulis
Aventura	Petualangan
Colección	Koleksi
Contexto	Konteks
Dualidad	Dualitas
Escrito	Ditulis
Historia	Cerita
Histórico	Historis
Humorístico	Lucu
Inmersión	Pencelupan
Inventivo	Inventif
Lector	Pembaca
Literario	Sastra
Narrador	Narator
Novela	Novel
Página	Halaman
Pertinente	Relevan
Poesía	Puisi
Serie	Seri
Trágico	Tragis

Literatura
Literatur

Analogía	Analogi
Análisis	Analisis
Anécdota	Anekdot
Autor	Penulis
Biografía	Biografi
Comparación	Perbandingan
Conclusión	Kesimpulan
Descripción	Deskripsi
Diálogo	Dialog
Estilo	Gaya
Ficción	Fiksi
Metáfora	Metafora
Narrador	Narator
Novela	Novel
Poema	Puisi
Poético	Puitis
Rima	Sajak
Ritmo	Irama
Tema	Tema
Tragedia	Tragedi

Los Medios de Comunicación
Media

Actitudes	Sikap
Comercial	Komersial
Comunicación	Komunikasi
Digital	Digital
Edición	Edisi
Educación	Pendidikan
En Línea	Daring
Financiación	Pendanaan
Fotos	Foto
Hechos	Fakta
Industria	Industri
Intelectual	Intelektual
Local	Lokal
Opinión	Pendapat
Periódicos	Koran
Público	Umum
Radio	Radio
Red	Jaringan
Revistas	Majalah
Televisión	Televisi

Mamíferos
Mamalia

Ballena	Paus
Burro	Keledai
Caballo	Kuda
Camello	Unta
Canguro	Kanguru
Cebra	Zebra
Conejo	Kelinci
Coyote	Coyote
Delfín	Lumba-Lumba
Elefante	Gajah
Gato	Kucing
Gorila	Gorila
Jirafa	Jerapah
Lobo	Serigala
Mono	Monyet
Oso	Beruang
Oveja	Domba
Perro	Anjing
Toro	Banteng
Zorro	Rubah

Matemáticas
Matematika

Aritmética	Hitung
Ángulos	Sudut
Circunferencia	Lingkar
Cuadrado	Persegi
Decimal	Desimal
Diámetro	Diameter
Ecuación	Persamaan
Esfera	Bola
Exponente	Eksponen
Fracción	Fraksi
Geometría	Geometri
Paralelo	Paralel
Paralelogramo	Parallelogram
Perímetro	Perimeter
Perpendicular	Tegak Lurus
Polígono	Poligon
Radio	Radius
Simetría	Simetri
Triángulo	Segitiga
Volumen	Volume

Mediciones
Pengukuran

Altura	Tinggi
Ancho	Lebar
Byte	Byte
Centímetro	Sentimeter
Decimal	Desimal
Grado	Derajat
Gramo	Gram
Kilogramo	Kilogram
Kilómetro	Kilometer
Litro	Liter
Longitud	Panjang
Masa	Massa
Metro	Meter
Minuto	Menit
Onza	Ons
Peso	Berat
Profundidad	Kedalaman
Pulgada	Inci
Tonelada	Ton
Volumen	Volume

Meditación
Meditasi

Aceptación	Penerimaan
Atención	Perhatian
Bondad	Kebaikan
Calma	Tenang
Claridad	Kejelasan
Compasión	Kasih Sayang
Despierto	Bangun
Emociones	Emosi
Felicidad	Kebahagiaan
Gratitud	Syukur
Mental	Mental
Mente	Pikiran
Movimiento	Gerakan
Música	Musik
Naturaleza	Alam
Observación	Observasi
Paz	Perdamaian
Perspectiva	Perspektif
Postura	Sikap
Silencio	Kesunyian

Mitología
Mitologi

Arquetipo	Pola Dasar
Celos	Kecemburuan
Cielo	Surga
Comportamiento	Perilaku
Creación	Penciptaan
Creencias	Keyakinan
Criatura	Makhluk
Cultura	Budaya
Desastre	Bencana
Fuerza	Kekuatan
Guerrero	Pejuang
Héroe	Pahlawan
Inmortalidad	Keabadian
Laberinto	Labirin
Leyenda	Legenda
Monstruo	Rakasa
Mortal	Fana
Rayo	Petir
Trueno	Guntur
Venganza	Balas Dendam

Moda
Fashion

Asequible	Terjangkau
Bordado	Sulaman
Botones	Tombol
Boutique	Butik
Caro	Mahal
Elegante	Elegan
Encaje	Renda
Estilo	Gaya
Mediciones	Pengukuran
Minimalista	Minimalis
Moderno	Modern
Modesto	Sederhana
Original	Asli
Patrón	Pola
Práctico	Praktis
Ropa	Pakaian
Sofisticado	Canggih
Tejido	Kain
Tendencia	Kecenderungan
Textura	Tekstur

Música
Musik

Armonía	Harmoni
Armónico	Harmonik
Álbum	Album
Balada	Balada
Cantante	Penyanyi
Cantar	Menyanyi
Clásico	Klasik
Coro	Paduan Suara
Grabación	Rekaman
Instrumento	Alat
Melodía	Melodi
Micrófono	Mikrofon
Musical	Musikal
Músico	Musisi
Ópera	Opera
Poético	Puitis
Ritmo	Irama
Rítmico	Berirama
Tempo	Tempo
Vocal	Vokal

Naturaleza
Alam

Abejas	Lebah
Animales	Binatang
Ártico	Arktik
Belleza	Kecantikan
Bosque	Hutan
Desierto	Gurun
Dinámico	Dinamis
Erosión	Erosi
Follaje	Dedaunan
Glaciar	Gletser
Montañas	Gunung
Niebla	Kabut
Nubes	Awan
Refugio	Penampungan
Río	Sungai
Salvaje	Liar
Santuario	Suaka
Sereno	Tenang
Tropical	Tropis
Vital	Vital

Negocio
Bisnis

Carrera	Karier
Costo	Biaya
Descuento	Diskon
Dinero	Uang
Economía	Ekonomi
Empleado	Karyawan
Empleador	Majikan
Empresa	Perusahaan
Fábrica	Pabrik
Finanzas	Keuangan
Impuestos	Pajak
Inversión	Investasi
Moneda	Mata Uang
Oficina	Kantor
Personal	Staf
Presupuesto	Anggaran
Tienda	Toko
Trabajo	Pekerjaan
Transacción	Transaksi
Venta	Penjualan

Nutrición
Nutrisi

Amargo	Pahit
Apetito	Nafsu Makan
Calidad	Kualitas
Calorías	Kalori
Carbohidratos	Karbohidrat
Cereales	Sereal
Comestible	Bisa Dimakan
Dieta	Diet
Digestión	Pencernaan
Equilibrado	Seimbang
Fermentación	Fermentasi
Nutriente	Gizi
Peso	Berat
Proteínas	Protein
Sabor	Rasa
Salsa	Saus
Salud	Kesehatan
Saludable	Sehat
Toxina	Racun
Vitamina	Vitamin

Números
Angka

Catorce	Empat Belas
Cero	Nol
Cinco	Lima
Cuatro	Empat
Decimal	Desimal
Dieciocho	Delapan Belas
Dieciséis	Enam Belas
Diecisiete	Tujuh Belas
Diez	Sepuluh
Doce	Dua Belas
Dos	Dua
Nueve	Sembilan
Ocho	Delapan
Quince	Lima Belas
Seis	Enam
Siete	Tujuh
Trece	Tiga Belas
Tres	Tiga
Uno	Satu
Veinte	Dua Puluh

Océano
Samudra

Alga	Alga
Algas Marinas	Rumput Laut
Anguila	Belut
Arrecife	Terumbu
Atún	Tuna
Ballena	Paus
Barco	Perahu
Camarón	Udang
Cangrejo	Kepiting
Coral	Karang
Delfín	Lumba-Lumba
Esponja	Spons
Medusa	Ubur-Ubur
Ostra	Tiram
Pescado	Ikan
Pulpo	Gurita
Sal	Garam
Tiburón	Hiu
Tormenta	Badai
Tortuga	Penyu

Paisajes
Pemandangan Alam

Cascada	Air Terjun
Cueva	Gua
Desierto	Gurun
Estuario	Muara
Géiser	Geyser
Glaciar	Gletser
Iceberg	Gunung Es
Isla	Pulau
Lago	Danau
Laguna	Laguna
Mar	Laut
Montaña	Gunung
Oasis	Oasis
Pantano	Rawa
Península	Semenanjung
Playa	Pantai
Río	Sungai
Tundra	Tundra
Valle	Lembah
Volcán	Gunung Berapi

Países #1
Negara # 1

Alemania	Jerman
Argentina	Argentina
Bélgica	Belgia
Brasil	Brazil
Canadá	Kanada
Ecuador	Ekuador
Egipto	Mesir
España	Spanyol
Filipinas	Filipina
Honduras	Honduras
India	India
Italia	Italia
Libia	Libya
Malí	Mali
Marruecos	Maroko
Nicaragua	Nikaragua
Noruega	Norwegia
Panamá	Panama
Polonia	Polandia
Venezuela	Venezuela

Países #2
Negara #2

Albania	Albania
Australia	Australia
Austria	Austria
Dinamarca	Denmark
Etiopía	Ethiopia
Francia	Perancis
Grecia	Yunani
Indonesia	Indonesia
Irlanda	Irlandia
Jamaica	Jamaika
Japón	Jepang
Laos	Laos
México	Meksiko
Pakistán	Pakistan
Portugal	Portugal
Rusia	Rusia
Siria	Suriah
Sudán	Sudan
Ucrania	Ukraina
Uganda	Uganda

Pájaros
Burung-Burung

Avestruz	Burung Unta
Águila	Elang
Canario	Kenari
Cigüeña	Bangau
Cisne	Angsa
Cuco	Cuckoo
Cuervo	Gagak
Flamenco	Flamingo
Gaviota	Gull
Gorrión	Burung Pipit
Huevo	Telur
Loro	Burung Beo
Paloma	Merpati
Pato	Bebek
Pavo Real	Merak
Pelícano	Pelikan
Pingüino	Penguin
Pluma	Bulu
Pollo	Ayam
Tucán	Toucan

Pesca
Penangkapan Ikan

Agua	Air
Aletas	Sirip
Barco	Perahu
Branquias	Insang
Cable	Kawat
Cebo	Umpan
Cesta	Keranjang
Cocinar	Masak
Equipo	Peralatan
Exageración	Berlebihan
Gancho	Kait
Lago	Danau
Mandíbula	Rahang
Océano	Laut
Paciencia	Kesabaran
Peso	Berat
Playa	Pantai
Río	Sungai
Temporada	Musim

Plantas
Tanaman

Arbusto	Semak
Árbol	Pohon
Bambú	Bambu
Baya	Berry
Bosque	Hutan
Botánica	Botani
Cactus	Kaktus
Fertilizante	Pupuk
Flor	Bunga
Flora	Flora
Follaje	Dedaunan
Frijol	Kacang
Hiedra	Ivy
Hierba	Rumput
Hoja	Daun
Jardín	Kebun
Musgo	Lumut
Pétalo	Kelopak
Raíz	Akar
Vegetación	Vegetasi

Profesiones #1
Profesi # 1

Abogado	Pengacara
Astrónomo	Astronom
Atleta	Atlet
Bailarín	Penari
Banquero	Bankir
Cartógrafo	Kartografer
Cazador	Hunter
Científico	Ilmuwan
Doctor	Dokter
Editor	Editor
Embajador	Duta Besar
Enfermera	Perawat
Entrenador	Pelatih
Fontanero	Tukang Ledeng
Geólogo	Ahli Geologi
Joyero	Perhiasan
Músico	Musisi
Pianista	Pianis
Psicólogo	Psikolog
Veterinario	Dokter Hewan

Profesiones #2
Profesi # 2

Astronauta	Astronot
Bibliotecario	Pustakawan
Biólogo	Ahli Biologi
Cirujano	Ahli Bedah
Dentista	Dokter Gigi
Detective	Detektif
Filósofo	Filsuf
Fotógrafo	Fotografer
Ilustrador	Ilustrator
Ingeniero	Insinyur
Inventor	Penemu
Investigador	Peneliti
Jardinero	Tukang Kebun
Lingüista	Ahli Bahasa
Médico	Dokter
Periodista	Wartawan
Piloto	Pilot
Pintor	Pelukis
Profesor	Guru
Zoólogo	Zoologi

Psicología
Psikologi

Cita	Janji
Clínico	Klinis
Cognición	Kognisi
Comportamiento	Perilaku
Conflicto	Konflik
Ego	Ego
Emociones	Emosi
Evaluación	Penilaian
Experiencias	Pengalaman
Ideas	Ide
Inconsciente	Bawah Sadar
Influencias	Pengaruh
Pensamientos	Pikiran
Percepción	Persepsi
Personalidad	Kepribadian
Problema	Masalah
Realidad	Realitas
Sensación	Sensasi
Sueños	Mimpi
Terapia	Terapi

Química
Kimia

Alcalino	Alkaline
Ácido	Asam
Calor	Panas
Carbono	Karbon
Catalizador	Katalis
Cloro	Klorin
Electrón	Elektron
Enzima	Enzim
Gas	Gas
Hidrógeno	Hidrogen
Ion	Ion
Líquido	Cair
Metales	Logam
Molécula	Molekul
Nuclear	Nuklir
Oxígeno	Oksigen
Peso	Berat
Reacción	Reaksi
Sal	Garam
Temperatura	Suhu

Restaurante #2
Restoran #2

Agua	Air
Almuerzo	Makan Siang
Aperitivo	Pembuka
Bebida	Minuman
Camarero	Pelayan
Cena	Makan Malam
Cuchara	Sendok
Delicioso	Lezat
Ensalada	Salad
Especias	Rempah-Rempah
Fruta	Buah
Hielo	Es
Huevos	Telur
Pastel	Kue
Pescado	Ikan
Sal	Garam
Silla	Kursi
Sopa	Sup
Tenedor	Garpu
Verduras	Sayuran

Ropa
Pakaian

Abrigo	Mantel
Blusa	Blus
Bufanda	Syal
Camisa	Baju
Chaqueta	Jas
Cinturón	Ikat Pinggang
Collar	Kalung
Delantal	Celemek
Falda	Rok
Guantes	Sarung Tangan
Joyas	Perhiasan
Moda	Mode
Pantalones	Celana
Pijama	Piyama
Pulsera	Gelang
Sandalias	Sandal
Sombrero	Topi
Suéter	Sweter
Vestido	Gaun
Zapato	Sepatu

Salud y Bienestar #1
Kesehatan dan Kebugaran

Activo	Aktif
Altura	Tinggi
Bacterias	Bakteri
Clínica	Klinik
Doctor	Dokter
Farmacia	Farmasi
Fractura	Patah
Hambre	Kelaparan
Hábito	Kebiasaan
Hormonas	Hormon
Huesos	Tulang
Medicina	Obat
Músculos	Otot
Piel	Kulit
Postura	Sikap
Reflejo	Refleks
Relajación	Relaksasi
Terapia	Terapi
Tratamiento	Pengobatan
Virus	Virus

Salud y Bienestar #2
Kesehatan dan Kebugaran

Alergia	Alergi
Anatomía	Anatomi
Apetito	Nafsu Makan
Caloría	Kalori
Dieta	Diet
Digestión	Pencernaan
Energía	Energi
Enfermedad	Penyakit
Estrés	Stres
Genética	Genetika
Higiene	Kebersihan
Hospital	Rumah Sakit
Infección	Infeksi
Masaje	Pijat
Nutrición	Gizi
Peso	Berat
Recuperación	Pemulihan
Saludable	Sehat
Sangre	Darah
Vitamina	Vitamin

Senderismo
Mendaki

Acantilado	Tebing
Agua	Air
Animales	Binatang
Botas	Sepatu Bot
Camping	Camping
Cansado	Lelah
Clima	Iklim
Cumbre	Puncak
Guías	Panduan
Mapa	Peta
Montaña	Gunung
Mosquitos	Nyamuk
Naturaleza	Alam
Orientación	Orientasi
Parques	Taman
Pesado	Berat
Piedras	Batu
Preparación	Persiapan
Salvaje	Liar
Sol	Matahari

Suministros de Arte
Perlengkapan Seni

Aceite	Minyak
Acrílico	Akrilik
Acuarelas	Cat Air
Agua	Air
Arcilla	Tanah Liat
Borrador	Penghapus
Caballete	Easel
Cámara	Kamera
Cepillos	Sikat
Colores	Warna
Creatividad	Kreativitas
Ideas	Ide
Lápices	Pensil
Mesa	Meja
Papel	Kertas
Pasteles	Pastel
Pegamento	Lem
Pinturas	Cat
Silla	Kursi
Tinta	Tinta

Tiempo
Waktu

Ahora	Sekarang
Antes	Sebelum
Anual	Tahunan
Año	Tahun
Ayer	Kemarin
Calendario	Kalender
Década	Dasawarsa
Día	Hari
Futuro	Masa Depan
Hora	Jam
Hoy	Hari Ini
Mañana	Pagi
Mediodía	Siang
Mes	Bulan
Minuto	Menit
Momento	Saat
Noche	Malam
Semana	Minggu
Siglo	Abad
Temprano	Dini

Tipos de Cabello
Jenis Rambut

Blanco	Putih
Brillante	Berkilau
Calvo	Botak
Corto	Pendek
Delgada	Tipis
Gris	Abu-Abu
Grueso	Tebal
Largo	Panjang
Marrón	Cokelat
Negro	Hitam
Ondulado	Bergelombang
Plata	Perak
Rizado	Keriting
Rizos	Ikal
Rubio	Pirang
Saludable	Sehat
Seco	Kering
Suave	Lembut
Trenzado	Dikepang
Trenzas	Kepang

Universo
Universe

Asteroide	Asteroid
Astronomía	Astronomi
Astrónomo	Astronom
Atmósfera	Suasana
Cielo	Langit
Cósmico	Kosmik
Ecuador	Khatulistiwa
Eón	Eon
Galaxia	Galaksi
Hemisferio	Belahan Bumi
Horizonte	Horison
Latitud	Garis Lintang
Longitud	Garis Bujur
Luna	Bulan
Oscuridad	Kegelapan
Órbita	Orbit
Solar	Surya
Solsticio	Solstice
Telescopio	Teleskop
Visible	Terlihat

Vacaciones #2
Liburan #2

Aeropuerto	Bandara
Carpa	Tenda
Destino	Tujuan
Extranjero	Orang Asing
Fotos	Foto
Hotel	Hotel
Isla	Pulau
Mapa	Peta
Mar	Laut
Ocio	Rekreasi
Pasaporte	Paspor
Playa	Pantai
Reservas	Reservasi
Restaurante	Restoran
Taxi	Taksi
Transporte	Transportasi
Tren	Kereta
Vacaciones	Liburan
Viaje	Perjalanan
Visa	Visa

Vehículos
Kendaraan

Ambulancia	Ambulans
Autobús	Bis
Avión	Pesawat
Balsa	Rakit
Barco	Perahu
Bicicleta	Sepeda
Camión	Truk
Caravana	Kafilah
Coche	Mobil
Cohete	Roket
Ferry	Feri
Furgoneta	Van
Helicóptero	Helikopter
Lanzadera	Shuttle
Motor	Motor
Neumáticos	Ban
Submarino	Kapal Selam
Taxi	Taksi
Tractor	Traktor
Tren	Kereta

Verduras
Sayuran

Ajo	Bawang Putih
Alcachofa	Artichoke
Apio	Seledri
Berenjena	Terong
Brócoli	Brokoli
Calabaza	Labu
Cebolla	Bawang
Chalote	Bawang Merah
Ensalada	Salad
Espinacas	Bayam
Guisante	Kacang
Jengibre	Jahe
Nabo	Lobak
Oliva	Zaitun
Patata	Kentang
Pepino	Mentimun
Perejil	Peterseli
Seta	Jamur
Tomate	Tomat
Zanahoria	Wortel

Enhorabuena

Lo has conseguido!

Esperamos que hayas disfrutado de este libro tanto como nosotros al diseñarlo. Nos esforzamos por crear libros de la máxima calidad posible.
Esta edición está diseñada para proporcionar un aprendizaje inteligente, de calidad y divertido!

¿Te ha gustado este libro?

Una Petición Sencilla

Estos libros existen gracias a las reseñas que se publican.
¿Podrías ayudarnos dejando una reseña ahora?
Aquí tienes un breve enlace a la página de reseñas

BestBooksActivity.com/Opiniones50

¡DESAFÍO FINAL!

Reto n°1

¿Estás listo para tu juego gratis? Los utilizamos siempre, pero no son tan fáciles de encontrar. ¡Aquí están los **Sinónimos**!

Escribe 5 palabras que hayas encontrado en los rompecabezas (#21, #36, #76) y trata de encontrar 2 sinónimos para cada palabra.

Escriba 5 palabras del **Puzzle 21**

Palabras	Sinónimo 1	Sinónimo 2

Escriba 5 palabras del **Puzzle 36**

Palabras	Sinónimo 1	Sinónimo 2

Escriba 5 palabras del **Puzzle 76**

Palabras	Sinónimo 1	Sinónimo 2

Reto n°2

Ahora que te has calentado, escribe 5 palabras que hayas encontrado en los Puzzles 9, 17 y 25 e intenta encontrar 2 antónimos para cada palabra. ¿Cuántos puedes encontrar en 20 minutos?

Escriba 5 palabras del **Puzzle 9**

Palabras	Antónimo 1	Antónimo 2

Escriba 5 palabras del **Puzzle 17**

Palabras	Antónimo 1	Antónimo 2

Escriba 5 palabras del **Puzzle 25**

Palabras	Antónimo 1	Antónimo 2

Reto n°3

¡Genial! Este desafío final no es nada para ti.

¿Preparado para el reto final? Elige 10 palabras que hayas descubierto en los diferentes rompecabezas y escríbelas a continuación.

1.	6.
2.	7.
3.	8.
4.	9.
5.	10.

Ahora escribe un texto pensando en una persona, un animal o un lugar que te guste.

Puedes usar la última página de este libro como borrador.

Tu Composición:

CUADERNO DE NOTAS :

HASTA PRONTO !

Todo el Equipo

DESCUBRA

JUEGOS

GRATIS

GO

↓

BESTACTIVITYBOOKS.COM/FREEGAMES